구한 청정에너지의 꿈,
신재생 에너지

미래생각발전소 20 무한 청정에너지의 꿈, 신재생 에너지

초판 1쇄 발행 2023년 5월 10일
초판 2쇄 발행 2025년 5월 15일

글쓴이 김영모 | **그린이** 이경국
펴낸이 김민지 | **펴낸곳** 미래M&B
등록 1993년 1월 8일(제10-772호)
주소 04030 서울시 마포구 동교로 134(서교동 464-41) 미진빌딩 2층
전화 02-562-1800 | **팩스** 02-562-1885
전자우편 mirae@miraemnb.com | **홈페이지** www.miraei.com
블로그 blog.naver.com/miraeibooks | **인스타그램** @mirae_ibooks
ISBN 978-89-8394-949-3 74300 | ISBN 978-89-8394-550-1 (세트)

* 잘못 만들어진 책은 구입처에서 바꾸어 드립니다.
* 이 책은 저작권법에 따라 한국 내에서 보호받는 저작물이므로 무단 전재와 복제를 금합니다.

아이의 미래를 여는 힘, **미래 i 아이**는 미래M&B가 만든 유아·아동 도서 브랜드입니다.

지식과 생각의 레벨업
미래생각발전소

무한 청정에너지의 꿈,
신재생 에너지

김영모 글 | 이경국 그림

미래i아이

○ 머리말

　화산이나 벼락을 통해 처음 불을 보고 놀란 구석기인이 우연히 불에 타서 익은 고기가 맛있다는 걸 알게 되고, 나중에 산불이 나거나 벼락이 칠 때 나무 밑에서 맛있는 고기를 기다리는 장면을 상상해 봐요. 그러다가 부싯돌로 불을 만들게 되었을 때 얼마나 기뻤을까요? 그렇게 불을 다룰 수 있게 되어 떠돌이 생활에서 정착 생활을 하게 되면서 인류의 삶은 송두리째 바뀌었지요.

　불을 사용하면서 인구와 생산량이 늘어난 반면, 더 많은 식량과 연료 등의 자원을 확보하기 위해 전쟁이 끊이지 않았어요. 전쟁이 일어난 이유도, 승패가 갈리는 이유도 에너지인 경우가 많이 있어요. 그런데 에너지 소비가 늘어나면서 석유, 석탄과 같은 화석연료는 앞으로 50~100년이면 더 이상 사용할 수 없을 정도로 고갈되어 가고 있어요. 또한 무분별한 화석연료의 사용으로 지구 환경이 오염되면서 상상하지 못했던 위험이 다가오고 있어요.

　그래서 많은 사람들이 환경을 오염시키지 않으면서 무한하게 사용 가능한 에너지를 찾고 연구해 왔는데, 바로 이 책에서 설명하게 될 신재생 에너지예요. 신재생 에너지는 신에너지와 재생 에너지로 나뉘는데, 신에너지는 석탄이나 석유, 천연가스 같은 화석 에너지에 새로운 기술을 적용하여 사용하는 에너지로, 연료전지와 석탄 액화·가스화 에너지, 수소 에너지 등이 있어요. 재생 에너지는 화석연료와 원자력을 대체할 수 있는 무공해 에너지로, 고갈되지 않고 지속적으로 재생하여 사용할 수 있는 에너지를 말해요. 태양광·태양열 에너지, 바이오 에너지, 풍력과 수력, 지열, 해양 에너지, 폐기물 에너지 등이 있어요.

  신재생 에너지는 화석연료와 달리 이산화탄소와 같은 온실가스 배출량이 적거나 없어서 환경오염이 적고, 원자력처럼 방사능 누출을 걱정할 필요도 없어요. 무엇보다 에너지 고갈 걱정 없이 지속적으로 사용할 수 있다는 장점이 있어요. 이 책에서는 이러한 신재생 에너지들의 원리와 장단점에 대해 살펴볼 예정이에요.

  그런데 이 책에서 꼭 공유하고 싶은 것은 어떤 에너지도 만능은 아니고 모든 조건을 만족하지는 못한다는 점이에요. 각각의 에너지마다 장단점이 있고, 그러한 장단점을 잘 이용해서 가장 효율적이고 경제적인 에너지 조합을 찾아야 한다는 뜻이지요. 물론 그 에너지 조합은 시기마다, 나라마다, 지역마다 다르다는 점 또한 같이 생각하고 싶었어요.

  미래에는 신재생 에너지에 필요한 기술이나 자원을 확보하기 위한 새로운 경쟁이 심해질 거예요. 그중에 가장 중요한 배터리 관련해서는 다행히 우리가 앞선 기술로 세계를 이끌어 가고 있는데, 리튬과 같은 원재료 확보는 앞으로 큰 문제가 될 것 같아요.

  원고 한 줄 한 줄 꼼꼼히 검토해 주시고 큰 방향을 잡아 주신 박승용 전무(전 효성중공업 CTO)님께 깊이 감사드립니다. 부족한 글이 출판되도록 도와주신 미래아이 편집장님, 항상 멋진 그림으로 원고에 생명을 불어넣어 주시는 이경국 작가님께 감사드려요. 또한 언제나 믿고 지지해 주는 아내와 가족, 그리고 하나님께 모든 감사를 드립니다.

-김영모

차례

머리말 … 4

Chapter 1 우리 삶에 없어서는 안 될 에너지
에너지 없이 하루라도 살 수 있을까? … 10
생각발전소 1차 산업혁명부터 4차 산업혁명까지 … 13
불과 전기를 사용하게 되다 … 16
생각발전소 에디슨, 전기의 시대를 열다 … 20
에너지의 시대를 살다 … 23
에너지 고갈과 기후 변화, 지구의 위기 … 26

Chapter 2 다양한 에너지의 특징
에너지에는 어떤 것들이 있을까? … 32
에너지는 변할 뿐 없어지지 않는다 … 35
생각발전소 에너지를 이해하는 첫걸음, 열역학 법칙 … 38
산업혁명과 화석 에너지 … 40
지속 가능한 미래를 위한 신재생 에너지 … 44

Chapter 3 새롭게 태어난 화석 에너지, 신에너지
신에너지란 무엇일까? … 50
산소와 결합하면 물이 되는 수소 에너지 … 53
생각발전소 각국의 탄소 중립 약속과 RE100 … 57
연료전지는 배터리일까, 발전기일까? … 60
석탄의 놀라운 변신, 석탄 가스화·액화 … 64

Chapter 4 자연이 주는 선물, 재생 에너지
재생 에너지란 무엇일까? … 70
태양 빛을 전기로! 태양광 에너지 … 71

태양의 열을 그대로 쓰는 태양열 에너지 … 77
바람의 힘, 풍력 에너지 … 81
물의 힘, 수력 에너지 … 86
마그마의 선물, 지열 에너지 … 91
버리는 식용유로 연료를! 바이오 에너지 … 95
버려지는 쓰레기를 이용하는 폐기물 에너지 … 99
바닷물의 힘, 해양 에너지 … 102

Chapter 5 그 밖의 미래 에너지 관련 기술들

값싸고 안전하지만 조심해서 다뤄야 할 원자력 … 108
불타는 얼음, 메테인하이드레이트 … 112
필요할 때 사용하는 에너지 저장 장치, 배터리 … 115
생각발전소 리튬, 제2의 자원 전쟁 … 120
다양한 에너지 저장 장치들 : 양수 발전, 플라이휠, 슈퍼 커패시터 … 122
에너지를 수확하다, 에너지 하베스팅 … 125
똑똑한 전력망, 스마트 그리드 … 129
생각발전소 다시 주목받는 직류, 초고압 직류 송전(HVDC) … 132

Chapter 6 에너지의 미래와 그 영향

신재생 에너지, 꼼꼼히 따져 봐야 하는 이유는? … 136
생각발전소 탄소 배출권을 사고파는 탄소 배출권 거래 제도 … 140
에너지 절약의 꿈, 블루 이코노미오- 지속 가능한 생태 도시 … 142
나라마다 다른 에너지 정책 … 146
우리나라의 에너지 정책은? … 152
생각발전소 신재생 에너지 시대에 유망한 직업은? … 157

Chapter 1
우리 삶에 없어서는 안 될 에너지

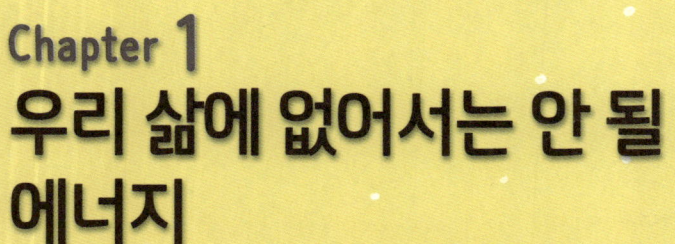

에너지 없이 하루라도 살 수 있을까?

우리의 하루를 살펴볼까요? 아침에 일어나면 수돗물로 세수를 하고, 엄마가 요리한 아침밥을 먹고 학교로 가요. 학교에 걸어서 가는 친구도 있고, 버스나 지하철을 타고 가는 친구도 있지요. 학교에 가면 계절에 따라 냉방이나 난방이 켜져 있어요. 천장에는 전등이 환하게 켜져 있고, 수업 시간에 선생님이 빔 프로젝터를 사용하기도 해요. 식당에 가면 가스나 전기를 사용해 맛있는 점심을 만들고, 식기 세척기가 돌아가며 설거지를 하지요. 집에 돌아오면 밤에 잠들 때까지 거실과 방에 환하게 불이 켜져 있어요.

이 모든 과정에 필요한 게 바로 에너지예요. 각 가정에 깨끗한 물을 공급하기 위해 어떤 에너지가 얼마나 사용되었는지 생각해 본 적 있나요? 전등이나 에어컨을 켜는 전기, 음식을 만들 때 쓰는 가스, 버스나 지하철이 달릴 때 필요한 석유나 전기는 어떻게 만들어졌을까요?

석유나 가스, 전기가 없는 삶을 생각해 보세요. 냉·난방기를 켤 수 없으니, 겨울에는 얼마나 춥고, 여름에는 얼마나 더울까요? 또, 쌀이나 고기 등을 날것으로 먹어야 하고, 냉장고에 있는 음식들은 다 녹고 상하겠

지요. 밤에 불을 켤 수도 없을 거예요. 가정에 전기가 들어오지 않는 것보다 더 심각한 것은 교통수단과 통신, 금융까지 모두 마비된다는 사실이에요. 자동차나 버스, 지하철이 움직일 수 없을뿐더러, 전파를 주고받는 기지국이 마비되어 휴대전화가 아무 쓸모가 없어지고, 은행 전산망이 마비되어 돈을 찾을 수도, 쓸 수도 없어지지요.

이처럼 우리가 너무나 당연하게 사용하고 있는 석유, 가스, 전기 등의 에너지는 하루라도 없어서는 안 될 중요한 것들이에요. 아무리 기술이 발달하고 4차 산업혁명 시대가 온다고 해도 인류가 살아서 의식주 생활을 하는 동안 어떠한 형태로든 에너지가 필요하지요. 그런데 인류가 지금까지 사용해 온 석탄이나 석유 같은 화석 에너지는 자연에서 얻을 수밖에 없는데, 양이 한정되어 있다는 것이 문제예요. 이 책에서는 에너지에는 어떤 것들이 있는지 알아보고, 그중에서도 자연을 해치지 않고 지속 가능하게 사용할 수 있는 신재생 에너지에 대해 자세히 살펴보려고 해요.

1차 산업혁명부터 4차 산업혁명까지

제임스 와트의 증기기관이 발명된 이후 인류 역사상 처음으로 기계를 이용한 대량 생산이 가능해졌어요. 이는 공장과 도시의 발달 등 산업과 사회 전반에 커다란 변화를 가져왔는데, 훗날 학자들은 이러한 변화를 '산업혁명'이라고 불렀어요. 산업혁명은 아직도 계속되고 있고, 현재는 4차 산업혁명이 진행 중이에요.

증기기관의 발명과 기계화: 1차 산업혁명

1769년 제임스 와트가 증기기관을 발명한 후, 인류는 기계의 힘을 이용해 이제껏 경험해 보지 못한 대량 생산 체계를 갖추게 돼요. 생산성이 높아지면서 더 좋은 물건을 싸게 만들어 팔 수 있게 되자, 이전에는 부자나 귀족들만 사용했던 물건들을 보통 사람들도 사용할 수 있게 되어 삶의 질이 향상되었어요. 또, 시골 농부들이 공장 노동자가 되기 위해 한꺼번에 몰리면서 생산과 소비가 밀집되는 도시가 생겨났어요. 그로 인해 도시 빈민, 아동 노동 착취, 산업 재해 등의 부작용도 발생했어요.

전기 에너지와 컨베이어 벨트: 2차 산업혁명

헨리 포드의 컨베이어 벨트를 이용한 대량 생산 방식은 자동차의 가격을 기존 공장 노동자 1년 치 급여의 5배에서 2배 정도로 낮추었어요. 이로써 귀족이나 부자만의 전유물이었던 자동차를 중산층도 구매할 수 있게 되었어요. 전기의 발명으로 가능하게 된 이 획기적인 생산 방식은 자동차뿐만 아니라 여러 공산품의 생산 방식도 바꾸었고, 물질적 풍요를 가져왔지요. 누구나 자동차로 장거리 여행을 갈 수 있게 되면서 여행업, 운송업, 숙박업 등 새로운 산업이 탄생했고, 사회 전반에 엄청난 변화가 일어났어요.

컴퓨터와 인터넷 기반의 지식 정보 혁명: 3차 산업혁명

1970년대에 등장한 전자 기술과 집적회로의 발달로 점점 더 복잡한 프로그램의 수행이 가능해진 컴퓨터가 인간의 계산이나 판단을 대신하면서 공장 자동화가 가속화되었어요. 1992년, 인터넷이 시작되면서 제3차 산업혁명이라고 불리는 지식 정보 혁명이 일어났어요. 더 이상 정보가 어느 한 사람, 한 장소의 전유물이 아니라 인터넷을 통해 어디에서나 얻을 수 있게 되어, 그 정보를 찾고 가공하고 활용하는 능력이 중요한 세상이 되었어요. 1, 2차 산업혁명이 물질 생산의 혁명, 즉 하드웨어의 혁명이라면 3차 산업혁명은 지식 정보, 즉 소프트웨어의 혁명이라고 말할 수 있어요.

하드웨어와 소프트웨어의 융합: 4차 산업혁명

3차 산업혁명이 소프트웨어, 지식 정보 혁명이라면 2016년 처음 언급되기 시작한 4차 산업혁명은 3차 산업혁명에서 비롯된 지식 정보 혁명이 1, 2차 산업혁명에서 이룩한 물질 생산 혁명과 융합하여 물질 생산의 양과 질을 이전과는 완전히 다른 차원으로 더 높이게 되는 현상을 말해요. 기존의 대량 생산 체계가 인공지능, 빅데이터, 블록체인, 3D 프린팅, 자율 주행 등의 새로운 IT 기술을 만나 이전에 경험하지 못한 훨씬 더 높은 생산성과 편리성을 가져오게 되는데, 이것을 4차 산업혁명이라고 해요.

불과 전기를 사용하게 되다

에너지는 가장 명확하게 인류의 역사를 설명할 수 있는 방법 중 하나예요.

먼저 불의 발견이에요. 화산이나 산불, 벼락 등에서 처음으로 불을 본 구석기 시대 인류, 호모에렉투스는 깜짝 놀라 도망갔을 거예요. 그런데 불이 꺼진 후에 불에 타서 익은 고기가 훨씬 맛이 있고 소화가 잘되는 걸 알게 되었겠지요. 불 옆에 앉아 있으면 얼마나 따뜻한지도 알게 되었을 거예요. 그러다가 마침내 부싯돌을 부딪치거나 마른 나무를 비벼서 불씨를 얻는 방법을 알아냈어요. 바로 인류가 불을 만들어 낸 위대한 순간이지요. 이제 더 이상 추위를 피해 동굴이나 나무 밑을 찾지 않고 집을 지어 따뜻하게 살면서 음식도 익혀 먹게 되었어요. 수렵과 채취 생활에서 정착 농경 생활로 바뀌면서 도시와 문명이 발달하게 된 거지요.

마른 나무나 풀로 불을 피우던 사람들은 좀 더 편하게 오래 보관할 수 있는 연료를 찾게 되었어요. 그중에는 동물이나 사람의 똥을 말린 것도 있어요. 기름이 운반과 보관이 쉬운 연료라는 것을 알게 되면서 다양한 기름도 찾게 되었지요. 땅콩이나 코코넛, 유채, 올리브 등에서 기름을 채

취하기도 하고 벌집이나 가축에서 얻기도 했는데, 동물에서 얻은 기름은 일반적인 온도에서는 고체라 운반하기 쉬웠어요. 그중에서도 벌집의 벽면을 구성하는 밀랍과 고래기름인 경랍은 많은 양의 기름을 고체로 사용할 수 있는 정말 멋진 연료였어요.

석탄과 석유를 사용하게 되면서 사람들은 더 이상 나무나 동식물 기름에 의지하지 않게 되었어요. 사실 석탄은 고대 그리스 시대부터 대장간의 연료로 사용했다는 기록이 있어요. 중국에서는 4세기부터, 영국에서는 9세기부터, 독일에서는 10세기부터 석탄을 사용한 기록이 있지요. 하지만 1769년, 제임스 와트가 증기기관을 발명하면서부터 석탄의 사용은 비약적으로 늘어났어요. 그 무렵 목재 자원이 고갈되고 있어서 증기기관이 발명되었어도 석탄이 없었다면 산업혁명은 일어나지 못했을 수도 있어요.

석유도 마찬가지예요. 기원전 3000년부터 메소포타미아의 수메르인들이 아스팔트로 조각상을 만들었다는 기록이 있고, 성경에도 노아의 방주에 역청을 안팎으로 칠했다는 말이 나와요. 이 아스팔트와 역청이 바로 석유가 지표면에 나와 굳은 끈적끈적한 액체예요. 또 로마와 페르시아, 인도, 유럽 여러 나라에서 오래전부터 석유를 등불의 연료로 사용한 기록들이 있어요. 하지만 석유는 쉽게 얻을 수 있는 연료가 아니어서 사람들은 오랫동안 등불을 켜는 데 동식물 기름을 주로 사용했어요.

18세기 들어 산업이 발전함에 따라 연료의 수요는 증가했지만, 고래의 남획으로 고래기름 가격이 올라가고 석탄에서 얻는 석탄유도 대체 연료로 만족스럽지 못했어요. 그런데 1859년, 미국의 에드윈 드레이크가 석유를 땅에서 채굴하는 기술을 개발했어요. 석유에서 얻은 등유의 우수성이 알려지면서 처음에 석유는 등불을 켜는 데 주로 쓰였어요. 그러다가 1885년 독일의 고트리프 다임러가 발명한 내연기관의 연료로 쓰이게 되었고, 이후 기차, 항공기, 선박 등의 연료로 쓰이면서 석유의 생산 및 사용량은 폭발적으로 증가해 오늘날에는 가장 중요한 에너지원 가운데 하나가 되었어요.

인류는 오래전부터 전기의 존재를 알고 있었어요. 전기 충격을 주는 전기뱀장어 같은 물고기를 보면 알 수 있지요. 기원전 550년경 그리스의 철학자 탈레스는 노란색 광물인 호박에 고양이 털을 문지르면 가벼운 물체를 잡아당기는 현상이 발생하는 것을 발견하였어요. 전기를 뜻하는 영어 '일렉트릭(electric)'도 호박을 뜻하는 라틴어 '엘릭트리쿠스(electricus)'에서 유래되었어요.

1879년, 에디슨이 백열전구를 발명하면서부터 인류는 기름을 태워 불을 밝히는 호롱불의 그을음에서 해방되었지요. 전구의 발명으로 폭발적으로 전기 수요가 늘자 에디슨은 1882년 최초로 화력 발전소를 세웠고, 마침내 전기의 시대로 접어들었답니다.

전기를 만들기 위해서는 발전기를 돌려야 해요. 물이나 바람의 힘으로 직접 발전기를 돌리거나, 물을 끓여 증기를 만들고 증기의 힘으로 터빈을 돌려 터빈에 연결된 발전기를 돌려요. 오늘날에는 터빈을 돌리기 위해 석탄 외에도 석유, 가스, 태양열 그리고 원자력 등 다양한 에너지원을 사용하고 있어요. 최근에는 터빈을 사용하지 않고 태양 빛으로부터 직접 전기를 생산하는 태양광 발전도 많이 발전했어요.

에디슨, 전기의 시대를 열다

　1847년, 미국 오하이오주에서 태어난 에디슨은 호기심이 많아 초등학교에서 질문을 많이 하곤 했어요. 선생님이 산만한 아이라고 에디슨을 좋아하지 않자 3개월 만에 학교를 그만두고 집에서 어머니에게 교육을 받았어요. 가난한 집안 환경 때문에 12세 때부터 기차에서 신문이나 간식을 팔면서도 에디슨은 실험에 열중했어요. 그러다가 우연한 기회에 전보를 보내는 전신술을 배우게 됐어요.

　그 무렵에는 석유램프로 밤에 불을 밝혔는데, 화재 사고가 자주 발생하면서 석유램프를 대신할 방법을 찾고 있었어요. 이미 많은 사람들이 수십 년 전부터 전구를 발명하고 개발해 왔지만, 열이 많이 발생하고 수명이 몇 분 되지 않을 정도로 빨리 타 버리곤 했어요. 에디슨은 1년간 수많은 재료로 실험하던 중 대나무로 된 필라멘트를 쓴 백열전구를 만드는 데 성공했어요. 그런데 사실 에디슨은 영국의 조지프 스완 경의 특허를 도용했어요. 이 일로 재판을 받게 되는데, 재판에 지자 에디슨은 스완 경의 특허를 돈을 주고 산 뒤 두 사람의 이름을 딴 에디스완이라는 합작 회사를 만들어 백열전구를 팔기 시작했어요.

　비록 백열전구를 발명하진 않았지만 그렇다고 에디슨의 업적이 흐려지지는 않아요. 에디슨은 당시까지 사람들이 이름조차 몰랐던 백열전구를 일반 가정에서도 쓸 수 있도록 상용화했거든요. 그러기 위해 제너럴일렉트릭이라는 회사를 세워 발전소, 송전 및 배전 시스템, 전기 계량기 등 전기와 관련된 거의 모든 인프라를 개발했어요. 수많은 사람이 스마트폰과 비슷한 것을 개발했지만 사람들이 스마트폰 하면 스티브 잡스만 기억하듯이, 에디슨은 백열전구와 전기의 상용화만으로도 '발명왕 에디슨'으로 기억되기에 충분하답니다.

  에디슨의 3대 발명품에는 백열전구 외에도 축음기와 영사기가 있어요.

  축음기는 에디슨이 전신원으로 일하면서 영감을 얻었어요. 전보를 빠르게 보내려고 빠른 속도로 전신기를 조작하다가 마치 음악처럼 들리는 데서 아이디어를 얻은 거지요. 소리가 진동이라는 사실에 착안해 소리를 기계 진동으로 바꾸어 그 진동으로 구리 원통에 홈을 팠어요. 이 홈에 바늘을 대면 깊이에 따라 미세한 진동이 생기는데, 그 진동으로 울림판을 진동시켜 소리로 바꾸는 원리예요. 축음기가 널리 퍼지면서 사람들은 어디에서나 음악을 들을 수 있게 되었고, 대중음악이 발달하게 되었어요.

  영사기는 연속된 정지 화면을 긴 필름에 찍어 빨리 돌리면 마치 사진이 살아 움직이는 것같이 보이는 원리를 이용해서 처음으로 움직이는 영상을 볼 수 있게 한 장치예요. 처음에 만든 키네토스코프는 한 사람밖에 볼 수 없었는데, 에디슨은 여러 사람이 볼 수 있도록 개량하고 축음기까지 연결해서 키네토폰이라는 극장용 영사기로 발전시켰어요.

에너지의 시대를 살다

그리스 로마 신화에 프로메테우스라는 영웅이 나와요. 프로메테우스는 인간에게 불을 가져다 준 죄로 제우스에게 미운털이 박혀 바위산 절벽에 묶여 독수리에게 간을 쪼아 먹히는 형벌을 받아요. 어쩌면 제우스는 불 때문에 인류에게 수많은 전쟁과 재앙이 닥칠 것을 예견하고 프로메테우스에게 벌을 준 것은 아닐까요?

불을 사용하여 음식을 익혀 먹으면서 사람들은 기생충에 감염될 위험도 줄고, 소화하는 데 걸리는 시간도 짧아져 다른 일을 더 할 수 있게 되었어요. 청동이나 철로 농기구를 만들어 사용하면서 농업 생산량이 늘어나자 한 곳에 정착하여 살기 시작했고, 인구가 폭발적으로 늘어나고 도시가 생겨났지요. 사람들이 닫이 모여 살면서 자연스럽게 권력 집단이 생겨나고, 권력을 유지하고 더 많은 식량을 확보하기 위해 다른 부족을 침략해서 전쟁을 일으키기도 했어요.

철제 무기를 만들 수 있게 되면서 더 많은 철과 나무, 석탄과 같은 에너지를 확보하기 위해 전쟁은 계속되었어요. 마침내 대포와 화약을 사용하게 되면서 전쟁의 규모는 더욱 커져 갔어요. 한편, 불과 에너지 덕분에 사람들의 생활이 더욱 윤택해지고 수명이 길어지면서 더 많은 물자가 필요해졌고, 결국 유럽 여러 나라들은 아프리카와 아메리카, 아시아로 식민지를 넓혀 갔어요.

18세기 후반 산업혁명을 지나 석탄과 석유의 생산과 사용량이 폭발적으로 증가하면서 석탄과 석유는 전쟁의 직접적인 도화선이 되었어요. 제1차 세계대전은 석유 때문에 독일과 영국이 충돌하면서 생긴 전쟁이에요. 독일이 바그다드에서 비잔티움(지금의 이스탄불)을 거쳐 베를린까지 철도를 놓고 주변의 자원 개발권을 확보하려고 하자, 이를 저지하여 중동에서 석유를 확보하고 지배권을 확대하려는 영국과 충돌하면서 발생했어요.

제2차 세계대전은 제1차 세계대전의 패망에서 벗어나 부유한 독일을 만들겠다는 히틀러가 유전 확보를 위해 폴란드를 침략하자 영국과 프랑스가 독일에 선전 포고를 하면서 시작되었지요. 독일은 전쟁을 시작함과 동시에 코카서스와 북아프리카의 유전 지대를 확보하지만, 연합군은 석유 수출 금지 조치를 취하고 독일의 자랑이었던 인조 석유 공장을 집중 폭격했어요. 전쟁은 결국 연합군의 승리로 돌아가게 되지요. 또, 석유 수입을 미국에 의존하던 일본이 유전 확보를 위해 미국의 식민지인 인도네시아와 말레이시아를 점령하면서 태평양 전쟁이 발발했고, 이로써 미국까지 제2차 세계대전에 참전하게 되었어요. 결국, 미국이 석유 보급을 차단하면서 일본은 전쟁에 패하게 되지요.

제2차 세계대전이 끝나 평화의 시대가 오자 산업이 급속도로 발전하기 시작했어요. 전쟁으로 피해를 입은 시설들을 복구하기 위해 수많은 건설 사업들이 생겨났고, 전쟁터에서 돌아온 군인들은 작업복으로 갈아입고 산업 현장에 투입되었어요. 인구가 빠른 속도로 증가하면서 소비도 늘었어요. 탱크, 전투기, 군복, 전투 식량을 만들던 군수 공장은 자동차, 항공기, 의복, 식료품을 만들어 늘어난 소비를 따라가기에 바빠졌지요. 생산과 소비, 그리고 물자와 사람의 이동이 증가하면서 에너지 소비가 엄청나게 늘었어요.

냉장고, 전기밥솥, 세탁기, 전등, 자동차, 기차, 비행기, TV, 전화기 등등 우리가 너무나 당연하게 사용하고 있는 물건들은 대부분 지난 100년 사이에 만들어지거나 사용들이 증가해, 이제는 잠시라도 이런 것들이 없으면 아무것도 할 수 없을 정도로 중요해졌지요. 이 모든 것을 가능하게 한 것이 바로 전기예요. 전기를 만들어 내기 위한 에너지의 중요성은 말로 표현하기 어려울 정도지요.

에너지 고갈과 기후 변화, 지구의 위기

지난 100년, 특히 제2차 세계대전 이후의 세상은 지난 2000년 동안보다 훨씬 크게 변했어요. 세계 인구는 1927년에 20억 명에 도달했는데, 70년 만인 1999년에 3배인 60억 명을 돌파했고, 2023년에 4배인 80억 명에 도달했다고 해요.

에너지 소비는 그보다 더 빠르게 증가하고 있어요. 1940년까지의 전 세계 에너지 소비량보다 그 이후부터 2000년까지 60년 동안의 에너지 소비량이 5배나 증가했다고 해요. 사용량이 폭발적으로 늘어난 에너지원은 주로 석탄, 석유, 가스 등이에요.

그런데 우리 생활을 편리하게 해 주고 없어서는 안 될 에너지원들이 점점 고갈되고 있어요. 지구가 수백만 년 걸려 만든 석탄이나 석유와 같은 에너지원을 인류는 지난 200년 동안 거의 다 써 버렸고, 머지않아 더 이상 사용할 수 없게 된다고 해요. 에너지원을 채굴할 수 있는 기간을 '가채연수'라고 하는데, 석유와 천연가스는 50~60년, 석탄은 약 100년, 우라늄은 약 50년 정도 된다고 해요. 결국 우리가 이제껏 편하게 사용했던 에너지원들은 50년이 지나면 더 이상 사용하기 어려울 정도로 적은 양만

남게 될 거예요.

사용할 수 있는 화석연료의 양이 정해져 있는 것도 문제지만, **화석연료를 함부로 사용한 나머지 지구가 심하게 병들어 가고 있는 것도** 문제예요. 지표면에 도달한 태양의 에너지는 온실 효과 덕분에 빠져나가지 못하여 지구의 온도를 알맞게 유지하는데, 이러한 역할을 지구를 둘러싸고 있는 온실가스가 해요. 그런데 문제는 산업이 발달하고 소비와 이동이 늘어 화석연료를 많이 사용하게 되자 자연에서는 매우 적거나 거의 없었던 온실가스가 대기 중에 많이 쌓이면서 온실 효과가 필요 이상으로 커져 지구의 온도가 올라가고 있다는 점이에요.

지구의 온도가 올라가는 **지구 온난화**는 자연과 생태계를 무너뜨리는 여러 가지 문제를 일으켜요. 우선 북극과 남극, 그리고 높은 산에 쌓여 있는 만년설이 녹아내려요. 실제로 2014년부터 2018년 사이 북극의 평균 온도가 지난 100년 이래 가장 높았고, 빙하 면적도 30년 전과 비교해서 4분의 1로 줄었어요. 북극의 빙하가 녹아내리면 북극곰은 먹이를 사냥하기 위해 더 먼 거리를 헤엄쳐야 해요. 사냥을 못 해 굶어 죽거나 영양 상태가 나

온실 효과와 온실가스

태양열로 달궈진 지표면에서 발생하는 열(적외선)은 지구를 둘러싸고 있는 가스층에 의해 쉽게 빠져나가지 못하여 지구의 온도가 식지 않고 유지된다. 이 같은 현상을 빛은 받아들이고 열은 내보내지 않는 온실과 같은 작용을 한다고 해서 온실효과라고 하고, 이러한 역할을 하는 가스를 온실가스라고 한다. 온실가스에는 이산화탄소, 메테인, 아산화질소, 프레온, 오존 등이 있는데, 그중에서도 지구 온난화는 이산화탄소의 영향이 60퍼센트 이상으로 가장 크다.

산호의 백화 현상과 바다의 사막화

산호초는 원래 하얀색인데 그 안에서 공생하면서 영양을 주고받는 황록공생조류에 따라 다양한 색깔을 띤다. 그런데 수온이 올라가면 이 황록공생조류가 빠져나가서 산호초가 하얗게 변하는데, 이를 백화 현상이라고 한다. 이렇게 되면 결국 산호초도 죽게 되고 산호초를 은신처로 삼는 다양한 해양 생물도 멸종하게 되어 바다가 사막화되고 만다.

빠져 새끼를 많이 낳지 못하게 된 북극곰은 멸종 위기에 처해 있어요.

얼음이 녹아 해수면도 올라가요. 이 때문에 남태평양의 투발루와 몰디브와 같이 해발고도가 낮은 섬나라들은 지하수에 바닷물이 섞여 식수나 농업용수로 사용할 수 없게 되고, 급기야는 섬마저 물에 잠겨 버리는 일이 발생하고 있어요. 또, 바닷물의 온도가 올라가면서 더 많은 수증기를 머금은 태풍이 세력을 잃지 않고 북쪽까지 올라가 피해가 커지기도 해요. 산호도 죽어 버리고, 어패류는 물론 사람에게도 치사율이 높은 비브리오균이 증가하면서 감염자와 사망자도 늘고 있어요.

지구 온난화가 원인인 기후 변화로 일부 지역에는 폭우가 쏟아지기도 하지만 일부 지역에는 비가 내리지 않아 사막화가 진행돼요. 실제로 스페인, 이탈리아, 아프리카 중부와 중국 북부 지역은 사막화가 심해져 농작물 재배가 어려워지고 있어요.

이처럼 화석연료는 인류에게 많은 혜택을 주었지만 점점 고갈되고 있고, 화석연료로 인한 지구 온난화와 기후 변화는 지구를 병들게 하고 있어요. 그래서 사람들은 오랫동안 깨끗하고 안전하게 사용할 수 있는 새로운 에너지를 계속해서 찾고 연구하고 있어요.

Chapter 2
다양한 에너지의 특징

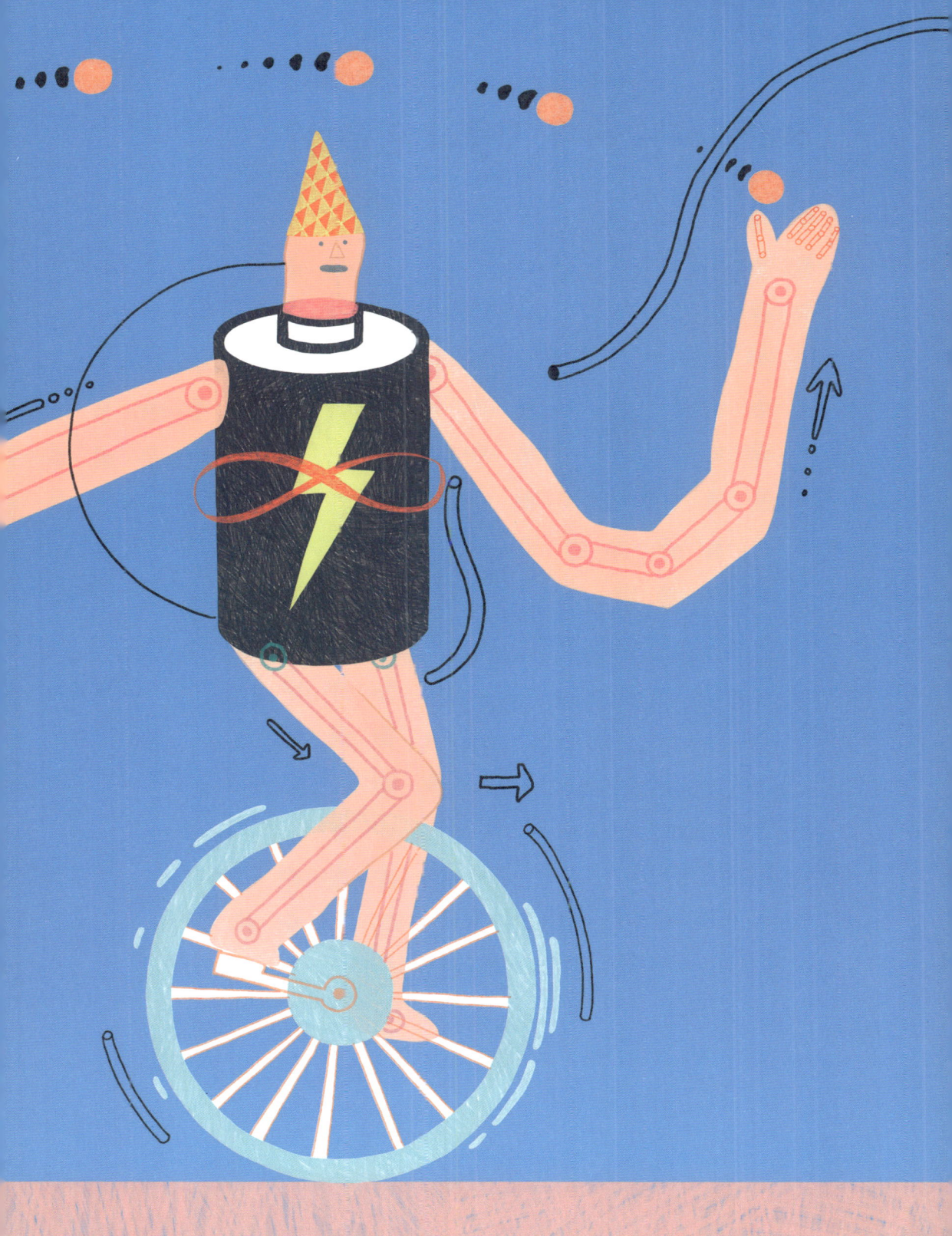

에너지에는 어떤 것들이 있을까?

에너지는 그리스어 '에네르게이아'에서 유래되었는데, '일을 할 수 있는 능력'이라는 뜻이에요. 그러니까 에너지가 있으면 물건을 움직이거나 온도를 바꾸는 등 다양한 일을 할 수 있어요.

에너지는 크게 1차 에너지와 2차 에너지로 나눌 수 있어요. **1차 에너지**는 자연에서 얻을 수 있는 최초의 에너지를 뜻해요. 석탄, 원유, 천연가스와 같은 화석 에너지와 태양열, 지열, 조력, 파력, 풍력, 수력, 우라늄과 같이 변환하거나 가공하지 않은 에너지를 말해요. **2차 에너지** 또는 최종 에너지는 1차 에너지를 생활이나 산업에서 쉽고 편하게 사용하도록 변형 또는 가공한 에너지를 말하는데, 전기, 도시가스 등이 있어요.

에너지는 형태별로 나누어 볼 수도 있어요. 빛이 가지고 있는 빛 에너지, 운동하는 물체가 가지고 있는 운동 에너지, 높은 곳의 물체가 가지고 있는 위치 에너지, 화학 결합에 의해 물질 속에 저장되어 있는 화학 에너지, 전자의 이동에 의해 발생하는 전기 에너지, 원자핵이 분열하거나 융합할 때 발생하는 핵에너지, 지진파나 전자기파, 음파 등 파동이 가지고 있는 파동 에너지 등 여러 가지가 있지요.

에너지는 변할 뿐 없어지지 않는다

맛있는 치킨을 한번 떠올려 봐요. 기름을 데우기 위해 가스를 태워 열을 만들고 그 열로 닭을 노릇노릇 튀겨요. 가스 안에 있던 화학 에너지가 타면서 열에너지로 바뀌었고, 기름을 통해 닭에 전달되어 바삭바삭 튀겨지는 거예요. 치킨 한 조각을 맛있게 먹고 나면 어떻게 될까요? 치킨 덩어리는 잘게 쪼개져서 배 속으로 들어가요. 치킨의 단백질과 지방 등 영양소는 위액과 각종 효소에 의해 분해되어 몸 속에 흡수되고, 그 힘으로 으리는 뛰어놀기도 하고 열심히 공부를 하기도 하지요. 맞아요, 이처럼 에너지는 다양한 형태로 바뀌어요. 다양한 형태의 에너지는 여러 가지 작용을 통해 다른 형태의 에너지로 계속 바뀔 수 있어요.

에너지는 계속 변하지만 없어지지는 않아요. 놀이동산의 롤러코스터를 생각해 봐요. 롤러코스터를 높은 데까지 끌어올리려면 전기 에너지가 필요해요. 최고 높이에 올라간 롤러코스터는 내려오면서 점점 속도가 빨라지지요. 롤러코스터를 꼭대기까지 끌어올렸던 전기 에너지는 롤러코스터의 위치 에너지로 바뀌었고 바닥에 떨어지면서 대부분의 에너지가 속도라는 운동 에너지로 바뀌었어요. 롤러코스터가 오르락내리락하면서 위치 에너지와 운동 에너지는 계속 서로 바뀌어요. 그사이 바퀴에서는 마찰열이 발생하면서 에너지의 일부가 열에너지로 바뀌어요. 롤러코스터를 브레이크로 정지시키면 남은 모든 에너지가 열에너지로 바뀌어 정지하게 되는 거예요.

이처럼 에너지는 다양한 형태로 바뀌지만 그 과정을 자세히 보면 에너지는 사라지지 않고 어딘가에 다른 형태로 바뀌어 존재하게 돼요. 바로 이런 현상을 열역학 제1법칙, 즉 에너지 보존의 법칙이라고 해요.

그런데 에너지가 없어지지 않고 바뀌기만 한다면, 왜 우리는 에너지 고갈을 걱정할까요? 바꾸어 쓰면 될 텐데 말이에요. 에너지는 한쪽 방향으로만 바뀔 수 있고, 경우에 따라 되돌릴 수 없기 때문이에요.

치킨을 다시 한 번 생각해 봐요. 생닭은 한번 튀기면 다시 생닭으로 되돌릴 수 없어요. 튀김 기름의 열이 생닭을 익게 만들었고, 튀긴 닭의 기름을 짜낸다 해도 이전으로 돌아갈 수는 없어요. 방금

tip 엔트로피란?

엔트로피(Entropy)는 '자유도' 또는 '무질서도'라고도 하는데, 물질이 변화되는 경향성을 설명하는 개념으로 무질서한 정도를 의미한다. 물질의 변화는 대부분 무질서도가 증가하는 방향, 즉 엔트로피가 증가하는 방향으로 진행된다. 흐트러진 카드를 정리하려면 손으로 차곡차곡 모아야지 그냥 던져 두면 절대 차곡차곡 모이지 않는다. 향수병을 열어 두면 향기를 가진 분자가 증발하여 스스로 움직여 퍼져 나가는데, 이는 향수병 속에 모여 있을 때보다 무질서한 상태가 된다. 엔트로피가 증가하는 방향으로 움직이는 것이다.

삼킨 입속의 치킨은 어떤가요? 잘게 씹어 소화되어 배출된 대변으로 다시 닭을 만들 수는 없어요. 오토바이 엔진을 움직이는 휘발유가 한번 타서 연기로 바뀌고 나면 다시 휘발유로 되돌릴 수 없는 것처럼요.

  이처럼 에너지는 다양한 형태로 변할 수는 있지만 모든 방향으로 변할 수는 없어요. 책상 위에 놓아둔 물건이 떨어질 수는 있지만 바닥에 떨어진 물건이 책상 위로 저절로 올라갈 수는 없지요. 이처럼 에너지 전환은 한쪽 방향, 즉 에너지가 높은 데서 낮은 데로만 움직이는 것이 가능한데, 이런 법칙을 열역학 제2법칙이라고 해요. 엔트로피 증가의 법칙이라고도 하지요.

에너지를 이해하는 첫걸음, 열역학 법칙

열역학이란 열과 에너지의 관계를 설명하는 학문인데, 오랜 연구에 의해 다음과 같이 네 가지 법칙이 정리되었어요.

열역학 제0법칙

두 개의 물체 A, B를 접촉시켜 놓으면 서로 열을 주고받게 돼요. 만약 두 물체의 온도가 같으면 두 물체 사이에 열의 흐름이 생기지 않아요. 이 경우 두 물체는 열평형 상태에 있다고 말해요. 열역학 제0법칙은 물체 A가 물체 B와 열평형 상태에 있고, 물체 B가 물체 C와 열평형 상태에 있으면 물체 A와 물체 C도 열평형 상태에 있다는 거예요. 이 법칙은 1~3법칙이 발견되고 난 뒤에 발견되었는데, 가장 근본이 되는 법칙이라 열역학 제0법칙이라 정의하고 있어요.

열역학 제1법칙

'에너지 보존의 법칙'이라고도 하는데, 외부와 열이나 물질의 교환이 없는 곳에서는 에너지의 형태가 변하더라도 전체 에너지의 합은 같다는 뜻이에요. 뜨거운 물질과 차가운 물질을 붙여 놓으면 뜨거운 물질에서 열이 전달되어 차가운 물질을 데우고 결국에는 온도가 같아지지요. 합치기 전 두 가지 물질 에너지의 합은 합친 후 물질의 에너지와 같다는 뜻이에요.

열역학 제2법칙

열역학 제1법칙이 에너지의 총량에 대한 설명이라면 열역학 제2법칙은 에너지의 방향에 대한 이야기예요. 즉 에너지의 총량은 같으나 그 안에서의 변환은 아무 방향으로 다 되는 것이 아니라 반드시 한 가지 방향, 즉 엔트로피가 증가하는 방향으로만 가능하다는 의미에서 '엔트로피 증가의 법칙'이라고 해요. 한번 튀겨져서 바삭바삭해진 튀김 닭은 열을 식히거나 냉장고에 넣어 열을 빼앗아도 다시 생닭으로 돌아갈 수는 없어요. 닭 속의 단백질, 지방과 같은 성분들이 엔트로피가 증가하는 방향으로 바뀌어 되돌릴 수 없으니까요.

열역학 제3법칙

어떤 물체의 온도를 계속 낮추면 엔트로피가 감소해서 0에 접근해요. 그때의 온도를 절대 영도라고 하는데 영하 273℃에 해당해요. 그런데 어떤 물체도 절대 영도에 근접할 뿐 도달할 수는 없고, 엔트로피도 아무리 줄어들어도 0이 될 수는 없어요. 그래서 열역학 제3법칙을 '절대 영도 불가의 법칙'이라고 해요.

산업혁명과 화석 에너지

인류는 불을 쓰게 되면서부터 나무나 석탄 등의 에너지를 아주 오래전부터 사용해 왔어요. 인구가 늘어나면서 나무나 석탄의 사용량이 증가했고, 어떤 지역에서는 나무를 모두 베어 버려 민둥산이 되는 경우도 있었어요. 하지만 지구 전체적으로 가정에서 땔감으로 쓸 나무나 석탄이 모자랄까 봐 걱정하지는 않아도 되었어요. 그러나 산업혁명이 일어나고 증기기관과 내연기관이 발달하면서 교통수단과 공장에서 사용하는 석탄이나 석유의 양이 엄청나게 증가하였어요. 이로 인해 공기가 오염되고 미세 먼지가

> **tip**
> ### 내연기관이란?
> 증기기관은 물을 끓여서 증기를 만들고 이 증기의 힘으로 기계를 움직인다. 이와 달리 자동차 등의 엔진은 엔진 내부에서 연료가 폭발하는 힘을 피스톤을 통해 직접 전달해서 자동차를 움직인다. 증기기관은 증기를 만들어 내는 연소 반응이 기관 바깥에서 일어나서 그 힘으로 움직이므로 외연기관이라고 하고, 엔진은 엔진 내부에서 연료가 폭발하는 힘으로 움직이므로 내연기관이라고 부른다. 내연기관에는 크게 휘발유를 압축해서 점화 플러그로 점화시키는 가솔린 엔진과 경유를 압축해서 압력으로 자동 점화되는 디젤 엔진이 있다.

원유와 석유

유전에서 석유를 캐내면 끈적끈적한 검정색 액체가 나오는데 이것이 원유이다. 원유에는 다양한 탄화수소가 섞여 있는데, 이것을 끓는 온도에 따라 증류하는 정유 공정을 거치면 액화석유가스(LPG), 휘발유, 나프타, 등유, 경유, 중유, 윤활유, 아스팔트 등을 얻을 수 있다. 이것들을 한꺼번에 모두 묶어서 석유라고 한다.

심각해진 것도 큰일이지만, 석탄이나 석유와 같은 에너지 자원이 고갈되고 있어서 걱정이에요.

식물이나 동물의 사체가 오랜 기간 땅속에 묻혀 만들어진 석탄이나 석유, 천연가스와 같은 물질을 화석연료 또는 화석 에너지라고 해요. 석탄은 대표적인 화석연료로, 따뜻하고 강수량이 많은 지역에서 자란 식물들이 땅에 묻혀서 생긴 거예요. 처음에 식물이 죽어서 땅에 퇴적물로 쌓이면 탄소 함유량이 약 60퍼센트로 밀도가 높지 않은 토탄이 돼요. 그 위에 흙이 쌓여 압축되면서 물이나 메테인(메탄)과 같은 기체 성분은 빠져나가고 탄소 성분만 남게 되지요. 탄소가 70퍼센트 정도면 '갈탄'이라고 부르고, 80퍼센트면 '역청탄', 95퍼센트면 '무연탄'이라고 해요.

반면, 석유는 대부분 바다에서 만들어지는데, 바닷속에 엄청나게 많은 식물성 플랑크톤이나 박테리아들의 사체인 유기물들이 공기가 잘 통하지 않는 점토층에 쌓이면 셰일이라는 퇴적물이 돼요. 세월이 흐르면서 여기에 높은 온도와 압력이 가해지면 점차 유기물들이 분해되어 탄소와 수소만 남아 석유(엄밀히 말하면 원유)로 바뀌지요. 석유가 모여 있으려면 바닥에는 석유를 많이 함유할 수 있도록 모래나 바위가 있어야 하고, 위에는 석유가 달아나지 않도록 단단한 덮개암이 있는 지층 구조여야 해요.

플라스틱이 몸에 좋지 않은 이유

호르몬은 인체 내에서 성장, 면역, 대사 등의 중요한 기능을 하는 화학 물질을 통틀어 이르는 말인데, 외부에서 들어와 호르몬의 작용을 교란시키고 건강을 위협하는 물질이 있다. 이를 '내분비계 교란 물질'이라고도 하고 '환경 호르몬'이라고도 한다.

환경 호르몬들은 호르몬의 작용을 방해해서 생식 기능을 감소시켜 암컷이 수컷처럼 행동하게도 하고, 암을 유발하거나 면역 기능을 자극해서 아토피나 알레르기 등이 생기게도 하고, 정신 질환이나 과잉행동장애(ADHD) 등의 장애도 생기게 하는 화학 물질이다. 한번 몸에 들어오면 잘 나가지 않고 축적되며, 생체 호르몬과 달리 잘 분해되지도 않는다. 환경 호르몬이 만들어지고 체내에 들어오는 데에는 여러 가지 경로가 있지만 특히 플라스틱과 관계가 많다. 캔이나 물병, 병마개 등 플라스틱의 코팅 물질로 많이 쓰이는 비스페놀A, 플라스틱을 말랑말랑하게 하는 첨가물로 많이 쓰이는 프탈레이트 등이 대표적인 환경 호르몬이다. 각종 테이프나 인쇄 잉크에 쓰이는 폴리염화비페닐, 훈연한 식품이나 불에 태운 고기에서 많이 나오는 벤조피렌 등도 대표적인 환경 호르몬이다.

우리가 일상 속에서 매일 사용하고 있는 플라스틱이 바로 석유를 원료로 한 화학 제품이에요.

  화석연료는 새로 만들어지는 데에 수백만 년의 시간이 걸리고, 혹성 충돌, 대지진이나 대홍수와 같은 특별한 사건이 필요해요. 현재까지 만들어진 화석연료를 모두 쓰고 나면 다시 만들어지기를 기대할 수는 없어요.

지속 가능한 미래를 위한 신재생 에너지

화석연료가 점점 줄어들기 시작하자, 사람들은 고갈될 염려가 없으면서 값싸고 효율적인 에너지를 찾기 위해 노력해 왔어요. 이런 에너지를 대체 에너지, 지속 가능 에너지, 재생 에너지 등 다양한 이름으로 불러요. 우리나라에서는 2013년 신재생 에너지법을 정했는데, 신재생 에너지란 "기존의 화석연료를 변환시켜 이용하거나, 햇빛, 물, 지열, 강수, 생물 유기체 등을 포함하는 재생 가능한 에너지를 변환시켜 이용하는 에너지"라고 정의하고 있어요.

신재생 에너지는 신에너지와 재생 에너지로 나뉘어요. 신에너지는 석탄이나 석유, 천연가스 같은 화석 에너지를 그대로 사용하는 것이 아니라 기존의 에너지원에 새로운 기술을 적용하여 얻었다고 해서 붙인 이름이에요. 우리나라는 국제에너지기구(IEA)에서 정하는 재생 가능 에너지(Renewable Energy)와 별도로 신에너지를 구분하고 있는데, 연료전지와 석탄 액화·가스화 에너지, 수소 에너지 등이 있어요.

물에 전기를 가하면 수소와 산소로 분해되는데, 연료전지는 이러한 화학 반응을 거꾸로 이용해서 수소와 산소를 결합하여 전기를 생산해요. 연

료로 수소와 산소를 사용하고 부산물로 물밖에 나오지 않는 깨끗한 에너지원이지요. 석탄 액화·가스화는 석탄과 같은 고체 연료를 가스화하거나 휘발유나 디젤 같은 액체 연료로 만들어 사용하는 방법이에요. 석탄을 그대로 사용하는 것보다 효율이 높고 대기 오염이 적어요. 수소 에너지는 수소를 기체 상태에서 태워 발생하는 폭발력을 이용하는 방법이에요. 수소는 천연가스나 물을 전기분해해서 얻을 수 있고, 태워도 산소와 결합하여 다시 물이 되므로 환경오염을 걱정할 필요가 없어요.

한편, 재생 에너지는 화석연료와 원자력을 대체할 수 있는 무공해 에너지로, 고갈되지 않고 지속적으로 재생하여 사용할 수 있는 에너지를 말해요. 콩, 옥수수, 사탕수수 등 식물을 이용하기도 하고, 사람이나 동물의 배설물이나 폐기물을 그대로 사용하거나 화학 작용 등을 통하여 사용하는데, 태양광·태양열 에너지, 바이오 에너지, 풍력, 수력, 지열, 해양 에너지, 폐기물 에너지 등이 있어요.

태양광 에너지는 물질이 빛을 흡수하면 표면에서 전자가 튀어나와 전기가 발생하는 광전 효과를 이용해서 태양광으로부터 직접 전기를 생산해요. 태양열 에너지는 태양열로 물을 데우거나 열에너지로 저장하여 필요할 때 사용하는 에너지예요. 바람의 힘으로 발전기를 돌려 전기를 생산하는 풍력 에너지, 강이나 호수 등의 물을 가두거나 흐름을 이용하여 전기를 얻는 수력 에너지도 재생 에너지예요. 그 밖에 바다의 조수나 파도, 해류, 온도 차 등을 이용하여 전기나 열을 생산하는 해양 에너지, 땅속 마그마의 열을 이용하는 지열 에너지, 동식물의 부산물이나 썩은 시체 등의 바이오매스를 변환하여 사용하는 바이오 에너지, 쓰레기를 태워 그 열을 이용하는 폐기물 에너지 등이 재생 에너지에 속한답니다.

신재생 에너지는 화석연료와 달리 이산화탄소와 같은 온실가스 배출량이 적거나 없어서 환경오염이 적고, 원자력처럼 방사능 누출을 걱정할 필요도 없어요. 무엇보다 에너지 고갈 걱정 없이 지속적으로 사용할 수 있다는 점이 특징이에요. 또한 에너지가 필요한 장소와 가까운 곳에서 에너지를 생산할 수 있다는 장점도 있어요. 즉, 연료나 전기 운반에 드는 비용을 절약할 수 있고, 석유나 석탄처럼 해외에서 수입하지 않아도 되기 때문에 에너지 자급률과 에너지 안보에도 도움이 되지요.

하지만 신재생 에너지에도 단점은 있어요. 첫째는 개발 비용과 설치 비용이 비싸다는 점이지요. 예를 들면, 풍력 발전을 위해 엄청나게 큰 터빈과 타워를 세워야 하고, 때로는 터빈이 지나가는 길을 만들기 위해 산을 깎기도 해요. 둘째는 에너지가 많이 생산되는 장소가 편중되어 있고, 사용자가 많은 도시에서 떨어져 있을 수 있다는 점이에요. 셋째는 신재생 에너지 생산을 위한 장소나 지역이 기존에 사용하던 용도와 충돌할 가능성이 있어요. 예를 들면, 기존에 곡물이나 과일을 심었던 밭에 바이오 에탄올을 생산하기 위해 사탕수수를 심어 곡물이나 과일의 가격이 오르는 경우도 있어요. 넷째는 태양광이나 풍력, 해양, 수력 등의 자연에서 오는 재생 에너지는 내 마음대로 필요할 때 생산할 수 없다는 점이에요. 태양은 낮에만 있고, 그나마 날씨가 좋지 않으면 전기를 생산하지 못해요. 풍력이나 해양, 수력도 그 시기, 방향이나 양을 자유롭게 조절할 수 없어요.

신재생 에너지는 위와 같은 여러 단점이 있지만, 깨끗하고 무한히 사용할 수 있다는 장점 때문에 많은 연구가 되고 있답니다.

Chapter 3
새롭게 태어난 화석 에너지, 신에너지

신에너지란 무엇일까?

신에너지는 석탄이나 석유, 천연가스 같은 화석 에너지에 새로운 기술을 적용하여 얻었다고 해서 붙인 이름이에요. 우리나라는 국제에너지기구(IEA)에서 규정한 재생 가능 에너지와 별도로 신에너지를 구분하고 있답니다. 신에너지에는 연료전지, 석탄 액화·가스화 에너지, 수소 에너지 등이 있어요. 신에너지는 화석연료보다 온실가스 배출이 적어 친환경적이지만, 화석연료를 사용한다는 점에서 지속 가능한 에너지원인지는 논란의 여지가 있어요.

우선, 세 가지 신에너지에 대해 하나하나 자세히 알아볼까요?

tip 국제에너지기구(IEA)의 재생 가능 에너지

우리나라는 신재생 에너지를 신에너지와 재생 에너지로 구분하고 있다. 신에너지는 연료전지, 석탄 액화·가스화 에너지, 수소 에너지로 구분하고 있고, 재생 에너지는 태양열, 태양광, 바이오 에너지, 풍력, 수력, 지열, 해양 에너지, 폐기물 에너지 등 여덟 가지로 구분하고 있다. 국제에너지기구(IEA)는 우리나라와 같이 신에너지라는 정의는 없고, 재생 가능 에너지(Renewable Energy)만 규정하고 있다. 재생 가능 에너지는 태양 에너지(태양광, 태양열), 풍력·수력·해양 에너지, 지열, 고체 바이오 연료, 바이오 가스, 액체 바이오 연료, 재생 도시 폐기물 이렇게 아홉 가지로 구분하고 있다.

산소와 결합하면 물이 되는 수소 에너지

 수소 에너지는 대표적인 신에너지예요. 수소를 에너지로 사용하는 방법은 수소를 직접 태우는 방법과 연료전지의 연료로 사용하는 간접적인 방법이 있어요. 두 가지 모두 사용하고 난 후에 물 이외의 환경오염 물질을 거의 배출하지 않으므로 깨끗한 에너지원이라고 할 수 있어요. 또 다른 장점은 수소는 가스나 액체 또는 화합물 등 다양한 형태로 많은 양을 저장하고 운송하여 사용할 수 있다는 점이에요.

또, 수소 에너지는 재순환이 가능해요. 물을 분해해서 수소를 얻는 경우에 수소는 연료로 사용한 후에 다시 물로 되돌아와요. 그리고 수소 자동차나 가정의 발전용 에너지원 등 다양한 분야에서 사용이 가능해요. 이 밖에도 각종 석유화학 제품을 생산할 때도 이용되고 있어요. 원유를 정제할 때나 암모니아나 메탄올 등을 생산하는 화학 공정 등에도 수소가 꼭 필요하답니다.

수소를 얻는 방법에는 다음과 같이 네 가지가 있는데, 값싸고 지속 가능하게 수소를 얻기 위해서는 앞으로도 연구가 더 필요해요.

먼저, 물을 전기분해해서 수소를 얻는 방법이 있어요. 가장 쉽고 깨끗하게 수소를 생산할 수 있는 방법이지요. 하지만 전기분해하기 위해 들어가는 에너지가 생산되어 나온 수소를 태워서 얻을 수 있는 에너지보다 더 커서 현명한 방법은 아니에요. 하지만 사용하지 못하거나 남는 전기를 값싸게 사용할 수 있다면 경제성을 확보할 수 있어요.

그리고 화석연료를 분해하는 방법이 있어요. 천연가스나 LPG, 갈탄과 같은 기존의 화석연료를 고온, 고압에서 분해해서 수소를 얻는 거예요. 이 과정에서 이산화탄소가 발생하는 문제가 있지만, 발생된 수소를 연료전지의 연료로 사용하면 내연기관보다 에너지 효율이 두 배 이상 높고 이산화탄소 발생도 절반으로 줄어들어요. 경제성과 환경에 미치는 영향을 잘 따져 볼 필요가 있지만 궁극적으로 화석연료를 사용한다는 점에서 과도기적인 방법이에요.

석유화학 단지나 제철 공장에서 발생하는 부산물에서 수소를 분리하고 정제하는 방법도 있어요. 이렇게 분리한 수소를 '부생 수소'라고 하는데, 이 방법이 현재로서는 가장 저렴해요. 특히 석유화학 산업이 발달한 우리나라는 석유화학 단지에서 수소를 생산해서 탱크나 파이프라인으로 저렴하게 공급받을 수 있어요.

이 밖에도 바이오매스에서 수소를 얻는 방법이 있어요. 동식물과 미생물 또는 유기성 폐기물 등 바이오매스에서 발효 공정을 통해 바이오에탄올을 분해해서 얻을 수도 있어요.

물을 전기분해해서 얻는 수전해 수소는 많은 전기를 사용하는 공정 자체만 보면 비효율적이지만, 태양광이나 풍력에서 발생하는 전기 중

LPG(액화석유가스)와 LNG(액화천연가스)

LPG(액화석유가스)는 원유를 정제하는 과정에서 나오는 기체 혼합물인데, 그중에 프로페인(프로판)과 뷰테인(부탄)을 주로 섞어서 사용한다. 프로페인가스는 열량이 높고 영하 42℃의 낮은 온도에서도 액체에서 기체로 기화되어 음식점과 같이 높은 화력을 필요로 하는 데 사용되고, 뷰테인 가스는 영하 10℃에서 0℃ 사이에서 기화되기 때문에 안전성이 높아 캠핑용으로 주로 사용된다.

한편, LNG(액화천연가스)는 유전에서 원유와 함께 섞여 나오는 천연가스를 액화한 것으로 메테인이 주성분이다. 영하 160℃에서 기화되기 때문에 유전에서 가스를 얻자마자 액화시켜서 운반한다. LNG를 액화시키는 과정에서 불순물이 제거되어 LPG에 비해 깨끗하고 가격도 저렴하다. LPG가 공기보다 무거운 반면 LNG는 공기보다 가벼워 환기만 잘하면 누출되어도 폭발 위험이 적고 가격도 LPG보다 저렴해서 가정용으로는 LNG를 주로 사용한다.

에서 버려지거나 남는 전기를 활용한다면 이야기가 달라져요. 또한 내 마음대로 전기를 얻기 어렵다는 재생 에너지의 단점을 보완할 수 있는 에너지 저장의 수단이 될 수도 있어요. 그래서 이런 수소를 '그린 수소'라고 부르고, 전 세계적으로 수전해 방식의 효율을 높이려고 연구 중이에요.

수소는 부산물로 물밖에 생기지 않아 친환경적이지만, 저장과 운송에 불편한 점이 많아요. 영하 253℃에서 기화되어 일반적인 온도에서 기체 상태이기 때문이에요. 수소 저장 및 운송 방법에 대한 많은 연구가 진행되고 있는데, 일반적으로 다음과 같은 방법이 사용되고 있어요.

첫 번째는 기체 수소를 고압으로 압축해서 압축 탱크나 파이프라인을 통해 저장 및 운송하는 기체 저장법이에요. 이 방법은 고압의 용기를 사용하므로 폭발 위험이 있어요. 이에 비해 액체 저장법은 폭발 가능성이 낮아 안전해요. 액체 저장법은 수소를 영하 253℃까지 냉각하여 액화수소 형태로 저장하고 운송해요. 기체 수소를 액화하는 데 추가 비용이 발생하지만, 부피가 800분의 1로 작아져 운송비가 크게 줄어들기 때문에 경제적이지요. 또한 에너지 저장 밀도가 높고 바로 기화하여 사용할 수 있다는 장점이 있어, 미래에 드론이나 항공기, 잠수함 또는 우주선의 연료로 활용될 수 있는 유망한 방법이에요.

마지막으로 화합물 저장법이 있어요. 수소를 메테인이나 암모니아 같은 화합물 형태로 만들어 저장했다가 다시 수소를 분리해 내는 방법이지요. 메테인이나 암모니아는 저장이나 운송이 기체나 액체 수소보다 쉽고, 기존의 유조선을 이용해서 운송할 수 있다는 장점이 있어요. 최근에는 액상 유기 화합물에 수소를 저장해서 화석연료처럼 상온에서 보관할 수 있고 기존 화석연료의 운송 수단을 사용할 수 있는 방법도 연구되고 있어요. 수소 저장 밀도를 높일 수만 있으면 미래에 수소를 저장하고 운송하는 가장 효율적인 수단이 될 수 있지요. 한편, 화합물 저장법은 사용하기 위해 수소를 다시 분리해야 한다는 점에서 자동차와 같이 직접 수소 연료를 사용해야 하는 경우에는 적용하기 어려울 수 있어요.

이처럼 수소는 깨끗한 에너지원이기는 하지만 효율적이고 지속 가능한 방법으로 사용하기 위해서는 앞으로도 생산과 저장, 운송 등의 문제를 해결하기 위한 많은 연구가 필요하답니다.

각국의 탄소 중립 약속과 RE100

"지구 평균 온도 상승폭을 산업화 이전보다 2℃ 아래로 유지한다. 나아가 1.5℃로 제한하기 위해 최대한 노력한다."

이 말은 파리 협약이라고 불리는 2015년 유엔기후변화협약에서 체결된 결의안이에요. 전 세계 70여 개 나라가 참여하고 있는데, 그동안 빠져 있던 미국이 2020년 바이든 대통령이 당선되면서 복귀하여 탄소 중립 정책에 적극 동참하기로 했어요.

미국은 2035년까지 전력 부문의 탄소 중립을 달성하겠다는 목표를 내놓고 앞으로 수명이 다하는 석탄과 천연가스 발전을 재생 에너지로 대체하기 위해 1년에 100기가와트 이상 재생 에너지를 보급하기로 했어요. 또한 전기차와 수소차 등의 친환경차 보급을 확대하기 위해 스쿨버스와 연방 정부 차량을 친환경차로 바꾸고 강력한 연비 규제와 친환경차 의무 판매 제도를 펼칠 예정이에요.

탄소 중립에 가장 적극적인 유럽연합(EU)은 '2050년 탄소 배출 제로' 목표를 달성하기 위해 그린 산업, 특히 해상 풍력에 집중하려고 해요. 영국, 덴마크 등에서 주도적으로 해상 풍력을 설치하고 거기서 나온 전기로 수소를 생산해 인근 국가에 공급하겠다는 계획이에요. 특히 유럽연합은 수소 생산과 저장 및 운송 기술 연구에 힘을 쏟아 재생 에너지를 이용해서 수소를 만드는 그린 수소 생산에 집중할 계획이에요.

세계 1위의 이산화탄소 배출국이면서 그동안 탄소 중립 정책에 비협조적이었던 중국도 탄소 중립을 미래의 핵심 의제로 선정하고 2060년 탄소 중립과 2030년 탄소 피크를 선언했어요. 이 목표를 달성하기 위해 산업과 에너지 구조를 최적화하고 석탄의 효율적인 이용과 신재생 에너지 및 원자력 발전 확대, 그리고 탄소 배출권 거래 확대 등의 정책을 적극적으로 시행하기로 했어요.

이산화탄소 배출 9위인 한국 정부도 2020년 12월, '2050년 탄소 중립 추진 전략'을 발표했어요. 경제 구조를 저탄소 구조로 바꾸고, 이차 전지, 저전력 반도체, 바이오, 그린 수소 등 저탄소 산업을 집중 육성하는 정책을 담고 있어요. 또한 이로 인한 피해 가능성을 최소화하고 각종 제도를 보완할 계획이에요.

기업 입장에서는 환경(Environment)·사회(Social)·지배 구조(Governance)를 의미하는 ESG가 기업 경영의 화두로 등장하고 있어요. '친환경적이면서도 사회적인 책임을 다하고 지배 구조도 투명하게 유지해야 한다.'라는 의미예요. 이 중에서도 환경 관련 책임을 구체적으로 실행하기 위해 기업들은 RE100(Renewable Energy 100퍼센트)이라는 캠페인, 즉 기업이 사용하는 전력의 100퍼센트를 재생 에너지로 사용하겠다는 자발적인 캠페인에 참

여하고 있어요. 애플, 구글, 마이크로소프트 등은 이미 2019년에 RE100을 달성하였고, 한국에서는 SK그룹 6개 계열사가 2020년에 처음으로 RE100에 가입하였어요. 그런데 애플이나 BMW와 같은 기업들이 파트너 사에게도 신재생 에너지의 사용 확대를 요구하고 있어서 RE100은 더 이상 캠페인이 아니라 앞으로 기업을 꾸려 나가기 위한 필수 요건이 되어 가고 있어요.

연료전지는 배터리일까, 발전기일까?

물에 전기 에너지를 공급하여 전기분해하면 수소(H_2)와 산소(O_2)로 나누어져요. 반대로 수소와 산소를 결합시켜 물을 만들어요. 이때 발생하는 에너지를 전기 형태로 바꿀 수 있는데, 이 원리를 이용한 것이 바로 연료전지예요.

먼저 연료전지의 작동 원리를 살펴볼까요? 양극에서는 수소(H_2)가 전자를 잃어 수소 이온(H^+)이 되고, 음극에서는 다시 산소(O_2)를 만나 물(H_2O)이 되는데, 이 과정에서 전기가 생산되고 물은 부산물로 발생하게 되는 거예요. 배터리처럼 화학 반응으로 전기를 생산하니까 전지라는 이름을 붙였고, 배터리와는 달리 연료를 사용하므로 연료전지라고 부르게 되었어요.

연료전지는 다음과 같은 장점이 있어 장래가 기대되는 에너지원이에요. 우선, 발전 효율이 높아요. 연료전지의 발전 효율은 35~60퍼센트로, 석탄(38~45퍼센트)이나 가스(55~60퍼센트)와 비교해서 높은 편이에요. 폐열을 열병합 발전에 재활용한다면 80퍼센트 이상으로 높아질 수도 있어요. 또, 필요할 때 언제든지 사용할 수 있어서 가동률이 낮은 재생 에

언덕을 쉽게 넘어가게 해주는 촉매

촉매는 마치 자동차가 언덕을 넘어갈 때 언덕을 살짝 낮추었다가 다시 돌려놓는 것과 비슷한 역할을 한다. 촉매는 자신은 실제로 변하지 않으면서 화학 반응의 속도를 조절하는 역할을 하는 물질이다. 속도를 빠르게 하면 정촉매, 느리게 하면 부촉매라고 한다. 자동차의 배기 장치에는 백금과 같은 촉매가 들어 있어 배기가스 중의 대기 오염 물질을 분해하는 화학 반응이 빠르게 일어나도록 한다.

너지의 단점을 보완할 수 있고, 비상 전원으로도 적합해요.

좁은 면적에 설치할 수 있다는 점도 좋아요. 태양광처럼 면적이 넓거나 풍력처럼 바람이 많이 부는 특별한 장소가 필요 없이 원하는 곳에 설치할 수 있어요. 전기가 필요한 곳 근처에 설치할 수 있어서 송전탑이나 송전 설비도 건설할 필요가 없고, 송전 손실도 걱정 없지요. 연료전지는 부산물로 물밖에 나오지 않고 온실가스를 배출하지 않아 환경오염이 적은 것도 장점이에요. 엔진이나 풍력과 같이 회전이나 기계적으로 움직이는 부분이 없어 소음도 적어요.

하지만 연료전지를 실제 생활에 널리 사용하려면 넘어야 할 산이 많아요. 연료전지의 음극에서 수소와 산소의 결합을 원활하게 하기 위해 촉매를 써야 하는데, 연료전지의 종류에 따라 백금 같은 값비싼 촉매를 사용하는 경우가 있어서 값싼 재료의 촉매를 개발하는 것이 가장 중요해요.

작동 온도가 높다는 단점도 있어요. 연료전지의 종류에 따라 30℃에서 1000℃까지 가열해야 해요. 최적의 전기 생산 조건을 맞추기 위해서 필요에 따라 예열을 해야 하므로 작동과 동시에 전기를 생산하지 못하는 경우가 있어요. 발전하는 전기의 일부를 예열에 사용해야 해서 전체 발전 효율이 떨어지기도 해요. 또, 수소를 생산하고 저장 및 운송하는 데 아직

> ### 💡tip 연료전지의 연료, 수소가 정답?
>
> 연료전지 자동차를 상용화하려면 어떤 연료를 사용할 것인가가 중요하다. 수소를 사용하는 연료전지는 기술적으로 어느 정도 성숙되어 있는데, 수소를 생산하고 저장하는 방법이 비싸고 안전 문제도 있어 자동차용으로 사용하기에는 어려움이 있다. 메탄올을 연료로 사용하면 가솔린처럼 저장, 운송 및 주유하는 데는 어려움이 없지만 자동차에 연료 공급 장치를 달아야 하고 물 이외의 부산물이 생기는 문제도 해결해야 한다. 하지만 가장 큰 걸림돌은 가격이다. 현재 자동차에 사용되는 연료전지는 백금 촉매를 사용하는데, 값비싼 백금 대신 그래핀과 같은 신소재를 개발해 가격을 낮춰야 내연기관 자동차 및 배터리 전기차와 경쟁할 수 있다.

해결해야 할 문제들이 많이 있어요.

연료전지는 자동차에 활용할 수 있어서 미래의 유망한 에너지원으로 손꼽혀요. 2018년, 우리나라는 세계 최초로 연료전지 자동차를 개발하여 세계적인 경쟁을 이끌고 있어요.

그럼 기존의 내연기관 자동차나 배터리식 전기차, 연료전지 자동차를 비교해 볼까요?

배터리식 전기차는 충전에 시간이 걸린다는 단점은 있지만 기존의 전기 인프라와 충전 스탠드만 있으면 상대적으로 충전이 쉬워요. 하지만 연료전지 자동차는 내연기관 자동차처럼 연료인 수소를 주입하는 방식이라 연료를 저장하고 운송하는 새로운 인프라가 필요해요. 또 고압 수소는 폭발의 위험이 있고, 액체 수소는 비용이 많이 드는 단점이 있지요. 하지만 연료전지 자동차는 주행 거리가 배터리식 전기차보다 훨씬 긴데, 내연기관 자동차와 비교해서 걱정하지 않아도 될 수준이에요.

석탄의 놀라운 변신, 석탄 가스화·액화

 '석탄으로 석유를 만들어라!'

히틀러가 독일의 과학자들에게 내린 명령이에요. 제1차 세계대전으로 식민지를 모두 빼앗긴 독일은 기름이 한 방울도 나지 않아 트럭과 탱크를 몰고 전쟁을 치를 석유를 확보할 방법이 없었어요. 다급해진 히틀러는 독일의 풍부한 석탄으로 석유를 생산하는 방법을 과학자들에게 연구하게 했어요. 석탄과 비슷하나 수소 성분이 높은 석유를 만들려면 석탄에 수소를 집어넣으면 가능하리라고 생각했지요. 이렇게 석탄의 액화 공정을 통해 최초의 인공 석유가 개발되었어요. 석유 매장량은 40~50년 정도지만 석탄 매장량은 200년 이상 되므로 석유 고갈을 걱정할 필요 없는 아주 좋은 기술이었지요. 하지만 제2차 세계대전 이후 대형 유전이 발견되어 석유 가격이 떨어지면서 이 기술은 점차 경쟁력을 잃어 갔어요.

그런데 최근에 다시 석탄을 석유나 가스로 만드는 방법에 사람들이 관심을 가지기 시작했어요. 산유국들이 전쟁이나 정치적인 이유로 석유 값을 올리기 시작했기 때문이에요. 석탄은 석유와 달리 전 세계 곳곳에 비교적 고르게 분포되어 있어서 에너지 안보 차원에서 관심이 높아요.

제2차 세계대전과 인공 석유

제2차 세계대전 때 루마니아와 러시아에서 원유 확보에 실패한 독일은 인공 석유 생산량을 늘렸다. 독일군이 전체 유류 사용량의 거의 60퍼센트를 인공 석유에 의존하고 있다는 사실을 알게 된 연합군은 1944년 5월, 독일의 인공 석유 제조 시설이 모여 있는 5개 도시에 융단 폭격을 감행했다. 이 폭격으로 미국도 폭격기 46대, 전투기 7대를 잃었지만 연료가 없었던 독일은 전투기를 출격시킬 수 없었다. 연합군이 주요 시설을 모두 폭격하는데도 독일군은 그저 당할 수밖에 없었고, 결국 다음 해인 1945년에 항복했다.

석탄의 변신에는 가스로 만드는 방법과 석유와 같은 액체 연료로 만드는 두 가지 방법이 있어요. **석탄 가스화**는 석탄이나 석유를 정제하고 남은 찌꺼기를 가스화 반응기에 넣어 고온·고압 상태에서 가스로 만드는 거예요. **석탄 액화**는 석탄을 휘발유나 디젤과 같은 액체 연료로 만드는 방법인데, 용매를 통해 직접 액화하는 방법과 가스로 만든 후에 촉매를 이용해서 만드는 간접 액화 방법이 있어요.

이렇게 석탄을 가스화하거나 액화하면 석탄을 직접 연소하는 것보다 효율이 높을 뿐만 아니라 환경오염 물질을 줄일 수 있다는 장점이 있어요. 또 합성 가스로 고효율의 발전을 할 수 있고, 합성 가스 전환 공정에서 추출한 수소는 연료전지를 통해 전기를 생산할 수도 있어요. 또한 이산화황, 질소산화물 같은 환경오염 물질도 상당 부분 줄일 수 있고, 암모니아, 메탄올, 요소 및 산소나 이산화탄소 등의 다양한 화학 물질을 생산에 활용할 수도 있어요.

하지만 석탄 가스화와 액화가 널리 상용화되려면 넘어야 할 산이 많아요. 석탄 가스화, 합성 가스 정제와 전환, 복합 발전까지 4개의 공장을 한

> ### 💡 완전 연소와 불완전 연소
>
> 석탄처럼 탄소, 수소, 황과 같은 원소를 포함하는 물질은 산소와 결합하면서 열과 빛을 내면서 타는데, 이 반응을 연소 반응이라고 하고 이렇게 타는 물질을 가연성 물질이라고 한다. 이때 산소가 충분히 공급되면 연소 반응이 완전히 일어나서 가연성 물질이 남지 않는데, 이런 경우를 완전 연소라고 한다. 연소 반응 중에 산소가 충분하지 않으면 불완전 연소가 일어나면서 가연성 물질이 남게 되는데, 대표적인 것이 일산화탄소이다. 산소가 부족한 상태에서 만들어진 일산화탄소는 계속 산소와 결합하고 싶어 한다. 겨울철 보일러에서 새어 나온 일산화탄소를 마시면 몸속에서 산소와 결합해 산소 부족으로 중독 사고가 발생하는 것도 바로 이 불완전 연소 때문이다.

꺼번에 지어야 해서 넓은 면적이 필요하고 초기 투자비가 많이 들어요. 또, 가스 생산부터 정제와 전기 생산까지 여러 시스템을 연계해야 해서 아직 기술의 완성도를 더 높여야 해요.

 석탄 가스화·액화 기술은 환경오염을 줄이면서 매장량이 풍부한 석탄을 사용하기 위해 앞으로 계속 확대될 전망이에요. 특히 석유 값이 불안정하거나 오르게 되면 확산 속도는 더욱 빨라질 거예요.

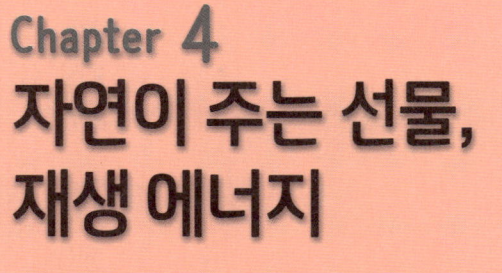

Chapter 4
자연이 주는 선물, 재생 에너지

재생 에너지란 무엇일까?

신에너지가 화석연료를 좀 더 친환경적으로 사용하는 에너지라면, **재생 에너지는 '계속 사용 가능한 에너지'**라는 뜻으로 태양, 바람, 물, 지열 등과 같이 자연에 무한히 존재하는 것을 활용하여 에너지를 얻는 방법이에요. 에너지 고갈을 대비해서 절약하는 것도 매우 중요하지만, 화석연료를 대체해서 무한히 사용할 수 있는 재생 에너지를 개발하는 것은 더욱 중요해서 여러 나라에서 재생 에너지 실용화를 위해 많은 노력을 하고 있어요.

재생 에너지에는 **태양 에너지, 풍력 에너지, 수력 에너지, 바이오 에너지, 지열 에너지, 해양 에너지, 폐기물 에너지** 등이 있어요. 이 중에서 특히 고갈될 염려가 없는 태양 에너지의 비중이 가장 높아요. 태양 에너지에는 태양 빛을 이용하여 직접 전기를 생산하는 **태양광 발전**과 태양의 열을 이용하는 **태양열 발전**이 있어요. 이렇게 재생 에너지에는 총 여덟 가지가 있어요. 그럼 하나씩 차근차근 살펴볼까요?

태양 빛을 전기로! 태양광 에너지

태양광 발전은 햇빛을 받으면 광전 효과에 의해 전자가 흐르면서 전기를 만드는 태양 전지를 이용하는 거예요. 태양 전지는 흔히 보는 태양광 발전 패널 외에도 시계, 전자계산기, 가로등, 무선 중계기, 등대나 부표, 지진이나 산불 감시 카메라는 물론이고, 인공위성, 우주 탐사 비행선 등 우리 눈에 보이지 않는 곳에서 이미 널리 사용되고 있어요.

신재생 에너지 중에서 가장 큰 비중을 차지하고 있는 태양광 발전은 다양한 장점이 있어요. 풍력이나 조력 등과 같은 재생 에너지들 역시 영원히 사용해도 없어지지 않지만 태양광은 그중에서도 가장 풍부한

tip 광전 효과

우리가 수소, 산소라고 하는 물질의 기본 단위는 원자이고, 원자는 원자핵과 전자로 구성되어 있다. (+) 전하를 띠는 원자핵이 (−) 전하를 띠는 전자를 도망가지 못하게 붙잡고 있어서 전자는 일정한 궤도를 돌고 있다. 줄에 공이 매달려 있는 것처럼 전기적으로 매달려 돌고 있는데, 양파 껍질처럼 전자의 층이 있고 껍질마다 에너지가 달라 전자의 숫자가 정해져 있다. 전자를 붙잡고 있는 원자핵의 에너지보다 큰 빛 에너지가 전해지면 전자가 원자핵의 구속에서 벗어나게 되는데, 이런 현상을 광전 효과라고 한다.

무한 에너지예요. 풍력보다도 에너지 양이 100배 이상 많아서, 지구에 도달하는 태양 에너지를 1시간 정도만 모아도 1년 동안 전 세계 사람들이 모두 사용할 수 있는 양이 된답니다.

　태양광은 건물 지붕이나 창문 또는 산이나 평지 어느 곳에든 설치가 가능하고 소음이 발생하지 않으므로 전기가 필요한 장소에 바로 설치해서 발전할 수 있어요. 또, 발전기나 프로펠러와 같이 회전하거나 움직이는 부위가 없어서 부품을 교체해야 하는 경우가 적기 때문에 유지, 보수가 쉬워요. 한번 설치하면 별도의 조작 없이 자동으로 작동하므로 무인화가 가능해요. 수명이 길고 안전한 것도 장점이에요. 태양광 셀은 수명이 20년이 넘고, 직류 전기를 교류로 바꾸는 전력 변환 장치인 인버터도 수명이 5~10년 정도 되어서 교체만 해 주면 20년 이상 사용이 가능해요. 또한 풍력과 같이 커다란 날개가 돌아가거나 움직이는 부위가 없으므로 상대적으로 안전해요. 게다가 어떠한 부산물도 만들지 않으므로 환경오염이 없는 청정에너지라고 할 수 있어요.

　하지만 발전하는 시간이 제한적이라는 한계점도 있어요. 태양광은 해가 떠 있을 때에만 발전이 가능하기 때문에 날씨가 흐리거나 비나 눈이 오는 날에는 발전량이 적어서 독립 전원으로 사용하기 어려워요. 지역에 따라 일조량이 달라서 전력 생산량이 지역별로 다르다는 것도 단점이에요. 런던이나 북유럽 대도시 지역은 전기가 많이 필요하지만 일조량이 낮아 태양광을 설치해도 효율이 높지 않고, 아프리카나 멕시코의 사막 지역은 일조량은 풍부하지만 사람이 없어 전기를 생산해서 도시까지 끌어오는 비용이 많이 들어요.

태양광 에너지는 발전 단가가 빠른 속도로 떨어져 이미 2019년에 글로벌 평균 기준 그리드 패리티에 도달했어요. 가장 싼 원자력과 비교하면 아직 3배 이상 비싸지만 빠른 속도로 가격이 떨어지고 있어 이미 미래 에너지의 주인공으로 이야기되고 있어요. 그렇게 되기 위해서는 설치 장소의 제한, 환경 파괴 등을 고려해서 공장이나 축사의 지붕 또는 아파트나 건물의 외벽과 옥상 등 주변에 피해를 미치지 않는 설치 장소를 더욱 찾아낼 필요가 있어요. 또한 산비탈을 깎아 설치하는 경우에는 나무를 베어 버려서 자연을 해치고 산사태가 발생할 위험도 있으니 주의해야 해요. 호수의 수면에 설치하기도 하는데, 수상 생태계에 어떤 영향을 미칠지 충분히 연구한 후에 설치해야 해요.

이제 태양 전지의 종류에 대해 알아볼까요? 태양 전지는 대부분 보통 때는 전기를 잘 통하지 않다가 에너지를 받으면 전기를 통하는 반도체로

화석연료와 신재생 에너지의 발전 원가가 같아지는 시점, 그리드 패리티

그리드 패리티(Grid Parity)는 화석연료 발전 원가와 신재생 에너지 발전 원가가 같아지는 시점을 말한다. 신재생 에너지는 시간이 흐를수록 기술이 발전함에 따라 발전 원가가 낮아지고, 화력 발전이나 원자력 발전은 기술이 이미 어느 정도 성숙되었고 대기 오염이나 환경 비용이 늘어나기 때문에 앞으로 발전 원가가 높아질 예정이다. 현재는 신재생 에너지의 발전 원가가 화석 에너지보다 높지만 언젠가는 같아지는 시점이 오는데, 신재생 에너지가 가격 경쟁력을 갖추어 보조금 없이도 화석 에너지와 경쟁할 수 있게 되는 시점을 '그리드 패리티'라고 한다. 태양광은 2018년 기준 글로벌 평균으로 이미 그리드 패리티에 도달하였고, 앞으로 가격이 더 내려가면서 설치량이 늘어날 것으로 보인다.

만드는데, 실리콘을 사용하는 방식이 주로 쓰여요.

실리콘 태양 전지는 단결정, 다결정, 비정질의 세 가지가 있어요. 먼저 원자 간의 간격과 구조가 규칙적으로 배열되어 있는 단결정 실리콘을 사용하는 태양 전지는 에너지 효율이 높지만 가격이 비싸서 좁은 장소나 가벼운 무게로 높은 효율을 내야 하는 곳에 주로 사용되고 있어요. 다결정 태양 전지는 에너지 효율은 단결정보다 낮지만 가격이 싸서 공장 지붕이나 들판 등 넓은 면적에 주로 사용되고 있어요. 결정 구조가 없이 불규칙하게 배열되어 있는 비정질 태양 전지는 가격이 싸고 얇은 필름 형태로, 넓은 면적이나 곡면으로 만들어 가방이나 옷 등에 사용할 수 있어요.

실리콘이 아닌 다른 물질을 사용하는 태양 전지도 있는데, 크게 두 가지로 분류할 수 있어요. 먼저 **무기 태양 전지**는 화합물 반도체 태양 전

---

tip
신재생 에너지 보조금 정책

신재생 에너지는 발전 단가가 비싸고 소규모로 생산되는 경우가 많기 때문에 수력, 화력, 원자력과 같이 대규모로 값싸게 만드는 전기와 가격으로 직접 경쟁하기는 어렵다. 이런 특성을 감안해서 정부는 신재생 에너지의 보급 확산을 위해 다양한 정책을 쓰고 있는데, 신재생 에너지 공급 의무화 제도가 대표적이다. 국가 전체 에너지 발전량 가운데 일정 비율 이상을 신재생 에너지 발전 설비를 이용해 생산한 전력을 공급하도록 의무화하는 제도이다. 이 제도가 시행되면 한국 전력은 신재생 에너지 발전 시설을 짓거나, 기존 신재생 에너지 발전소들과 계약을 통해 일정 비율을 구매해야 한다. 신재생 에너지 비율은 2012년 2퍼센트, 2020년에는 7퍼센트, 2030년에는 10퍼센트까지 늘려야 한다. 2020년 현재 우리나라에는 한국 전력을 포함한 22개의 발전 사업자가 있는데, 직접 재생 에너지 발전 설비를 운영하거나 신재생 에너지 사업자로부터 신재생 에너지 공급 인증서(REC, Renewable Energy Certificate)를 구매해서 할당량을 채울 수 있다.

지라고도 부르는데, 적은 물질로 더 많은 빛을 흡수하기 위해 여러 층을 쌓아서 만드는 태양 전지예요. 실리콘 방식보다 효율을 높일 수 있고 얇게 바를 수도 있지만 카드뮴 같은 독극 물질 사용이 문제예요. 유기 태양 전지는 무기물에 비해 효율이 낮고 수명이 짧은 단점이 있지만, 제조 비용이 저렴하고 투명하게 하거나 휘는 표면에 바를 수 있어서 창문이나 자동차 유리 등 특수한 목적에 사용할 수 있어요.

　태양광 발전은 어떤 시스템으로 운용하느냐에 따라 종류가 나뉘기도 해요. 섬과 같이 전기가 들어오지 않는 외진 곳에서는 태양광만으로 전기를 공급하는 독립형 시스템을 써요. 태양광 발전 모듈과 직류를 교류로 바꿔 주는 인버터, 전기가 생산되지 않을 때를 위해 전기를 저장하는 축전지로 구성되어 있어요.

　일반적인 경우는 계통 연계형 시스템을 쓰지요. 태양광 발전으로 생산된 전기를 전력망에 연결해서, 생산하는 전기가 남을 때는 전력 회사에 판매하고 모자랄 때는 전력망의 전기를 사용하는 방식이에요. 항상 전력망으로부터 전기를 공급받을 수 있으므로 축전지가 필요하지 않지만 블랙아웃과 같은 대규모 정전 사태가 발생하면 정전이 될 수 있어요.

태양의 열을 그대로 쓰는 태양열 에너지

돋보기나 볼록 렌즈로 검은색 종이에 햇빛을 모아 본 적 있나요? 얼마 지나지 않아 뜨거워져 종이가 탔을 거예요. **태양열 발전**도 이런 원리로, **태양의 열에너지로 전기를 만드는 기술**이에요. 태양광 발전과 태양열 발전은 둘 다 태양 에너지를 이용하지만, 차이점이 있어요. 태양광 발전은 태양의 빛이 태양 전지라는 특수 반도

태양광 발전과 태양열 발전의 차이

체에 닿으면 내부에서 전자가 움직이는 광전 효과로 별도의 발전 장치 없이 직접 전기를 생산해요. 태양열 발전은 태양열을 집열판으로 모아 물을 끓여 증기를 발생시키고 이를 이용해 터빈을 돌려 전기를 생산하지요.

태양열 발전 시스템은 집열판, 냉매, 열 교환기, 축열기, 증기 터빈과 발전기로 구성되어 있어요. 집열판은 태양열을 모아서 냉각수가 흐르는 관에 집중시키는 장치예요. 냉각수 관으로 태양열이 집중될 수 있도록 거울과 같은 반사판의 모양이 구유나 타워 또는 접시 등으로 다양해요. 냉매는 냉각수 관을 따라 흐르던서 뜨겁게 데워졌다가 열 교환기를 통해 열을 전달합니다. 냉매로 물을 사용하기도 하지만 1000℃ 이상 높은 온도에서는 용융염(250℃ 이상에서 액체로 변하는 소금의 일종)을 녹여서 사용하기도 하지요. 열 교환기는 높은 온도로 가열된 냉매의 열로 터빈을 돌리기 위해 증기를 만드는 장치예요. 열 교환기에서 발생한 증기로 터빈을 돌리면 터빈에 연결된 발전기에서 전기가 생겨나요. 축열기는 태양열에 의해 뜨거워진 냉매의 열을 해가 진 뒤에 터빈을 돌리기 위해 저장해요.

태양열 발전도 다른 신재생 에너지처럼 장점과 단점이 있어요. 태양광과 마찬가지로 태양열은 무한하고 한번 설치하면 부산물이나 소음을 만들지 않기 때문에 친환경 에너지예요. 전력 공급도 안정적이에요. 태양열 발전은 뜨거워진 냉매를 축열기에 저장했다가 해가 진 뒤에도 7시간 이상 발전이 가능해서 태양광이나 풍력보다 안정적으로 전기를 공급할 수 있지요. 다른 산업과의 연계도 가능해요. 태양열을 모으면 1000℃ 이상의 높은 온도를 얻을 수 있으므로 금속 제련이나 고온 화학 공정 또는 고온이 필요한 수소 생산이나 담수화 처리 시설과 연계하여 효율성을 높일 수 있어요.

하지만 태양열 발전은 대규모 집열판에서 열을 모아야 하므로 넓은 면적이 필요하고, 열 교환기와 증기 터빈을 사용하여 전기를 발생시키므로 초기 투자비가 많이 드는 단점이 있어요. 또한 도시까지 전기를 전달하기 위해서는 송전 시설도 필요해요. 태양열 발전소는 일조량이 좋은 지역에 설치하기 때문에 대도시에서 떨어진 곳에 세우거든요. 태양열이 모이는 솔라타워는 500℃ 이상 온도가 올라가는데, 높은 온도 때문에 지나는 새들이 죽는 경우도 있어요.

태양열 발전은 미국과 스페인에서 가장 활발히 연구하고 설치해 왔고, 신재생 에너지에 대한 관심이 높은 독일과 일조량이 풍부한 호주, 이탈리아, 이집트 등에서도 활발히 연구하고 있어요.

바람의 힘, 풍력 에너지

네덜란드 하면 사람들이 떠올리는 이미지가 있지요. 바로 풍차여요. 네덜란드 사람들은 바람의 힘을 이용하는 풍차로 물을 퍼 올리거나 곡식을 빻았어요. 인류는 고대부터 바람의 힘을 잘 알고 범선이나 풍차 등에 이용해 왔어요. 최초의 풍차는 기원전 중동 지방에서 시작되었다고 전해져 오는데, 실제 문헌에는 7세기경 페르시아 지역에서 갈대나 천으로 날개를 만든 풍차를 사용했다는 기록이 있어요. 동양의 풍차는 회전축이 수직이었는데, 이것이 유럽으로 전해지면서 구조가 간단한 수평축 방식으로 바뀌어 네덜란드를 비롯하여 유럽 여러 지역에서 사용되었어요.

최초의 풍력 발전기는 19세기 말 전기가 발명되면서 1888년, 미국의 찰스 브러시가 만들었어요. 그 후 제2차 세계대전 중에 덴마크의 스미스 사가 개발한 방식이 현대 풍력 발전의 원형이 되어 현재까지 덴마크가 풍력 산업을 주도하고 있어요.

풍력 발전은 바람의 힘으로 날개를 회전시키며 발전기에서 전기를 생산하는 방식이에요. 풍력 발전기는 날개와 피치 시스템, 축, 기

유리 섬유와 탄소 섬유

유리 섬유의 정식 명칭은 '유리 섬유 강화 플라스틱'이다. 이름 그대로 플라스틱 사이에 가느다란 실과 같은 유리를 층층이 넣은 복합 소재로, 녹슬지 않고 알루미늄보다 가벼우면서도 철보다 강하다. 그래서 유리 섬유는 건축 단열재, 스키나 보드 및 헬멧, 자동차나 항공기의 부품으로 사용된다. 탄소 섬유는 '탄소 섬유 강화 플라스틱'이 정식 명칭이고, 플라스틱을 만들 때 층층이 탄소를 실처럼 짠 탄소 섬유를 넣어 강도와 탄성을 높였다. 강도는 강철의 10배이지만 무게는 25퍼센트에 불과하며, 온도가 올라가도 팽창하는 정도가 작아 자동차와 항공 우주 산업의 부품이나 소재로 사용되고 있다. 일반적으로 유리 섬유가 탄소 섬유보다 유연하고 가격이 15배나 저렴해서 높은 강도가 필요하지 않은 곳에 사용된다. 탄소 섬유는 상대적으로 비싸지만 정교한 시공이 필요한 정밀 부품에 쓰인다.

어 박스, 발전기, 요잉 시스템 등 크게 6가지 부품으로 구성되어 있어요. 블레이드라고도 부르는 풍력 발전기의 거대한 날개는 선풍기 날개처럼 바람이 불면 힘을 받아 축을 회전하도록 힘을 전달하는 부품이에요. 무게를 줄이기 위해 유리 섬유나 탄소 섬유로 만드는데, 풍력 발전기에서 가장 비싼 부품으로 전체 비용의 20퍼센트나 차지해요. 선풍기와 달리 끝으로 갈수록 폭이 좁아지는데, 너무 많은 힘을 받아 날개가 부러지는 일을 막기 위해서예요.

피치 시스템은 바람의 세기에 따라 날개의 기울기를 바꾸어 원하는 회전 속도를 유지하는 장치이고, 축은 날개와 연결되어 날개에서 얻은 회전력을 발전기에 전달하는 장치예요. 기어 박스가 날개에 연결된 축의 회전 속도를 높여 발전기에 전달하면 발전기에서는 전기를 생산하지요. 요잉 시스템은 날개의 회전 방향을 바람의 방향에 따라 수직으로 맞추도록 조

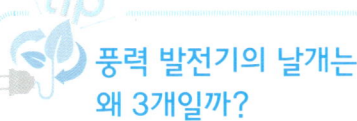

풍력 발전기의 날개는 왜 3개일까?

풍력 발전기의 날개는 3개인데, 그 이유는 뭘까? 풍력 발전기의 날개는 아주 높은 곳에서 센 바람으로 돌아간다. 바람이 세게 불 때는 돌아가는 힘도 엄청나지만 날개가 많으면 무거워 돌아가는 힘을 기둥이 지탱하기 어렵다. 그런데 날개를 2개로 줄이면 날개가 수평일 때와 수직일 때의 바람에 대한 저항과 기둥에 주는 부담의 차이가 커서 안정성이 줄어든다. 무게도 줄이고 안정성도 높이기 위해 풍력 발전기는 날개를 3개로 만든다.

절해 준답니다.

풍력 발전은 설치 장소에 따라 육상 풍력과 해상 풍력으로 나눌 수 있어요. 풍력 발전기를 땅에 설치하느냐 바다에 설치하느냐에 따라 나누는 것이지요. 육상 풍력은 해상 풍력에 비해 건설 비용이 저렴하고 건설하기도 쉽지만 충분한 바람의 세기를 확보할 수 있는 위치를 찾는 것이 쉽지 않아요. 한편 해상 풍력은 바닷속에 기초 구조물을 설치해야 해서 바다 깊이에 따라 설치가 제한되지만 육상 풍력에 비해 바람의 양이나 품질이 좋아 대형화하기 쉬워요. 또 바다 한가운데에 설치하니 소음 문제로부터 자유롭다는 장점이 있어요. 최근에는 바다 위에 떠 있는 부유식 기술이 개발되어 얕은 바다에만 설치해야 하는 제약에서 벗어나 설치 사례가 늘고 있어요.

풍력 발전은 태양광 발전 다음으로 널리 사용되고 있고, 가격이 싸고 환경오염이 없다는 것이 큰 장점이에요. 화석연료처럼 연료를 소비하는 방식이 아니므로 연료비가 들지 않아요. 또한 풍력 발전은 바람만 충분히 분다면 전력망이 연결되어 있지 않은 섬이나 산간 지방 등 원하는 지역에 설치할 수 있고, 설치 면적도 적어요. 태양광이나 태양열 발전에 비해 단위 면적당 출력이 4배 정도나 되고, 높은 공간에 설치되기 때문에 아래의 공간을 농업이나 목축 등 다양한 용도로 활용할 수 있어요.

하지만 평지나 낮은 경사면에 설치하는 태양광에 비해 풍력 발전은 산등성이에 설치해야 하기 때문에 설치 비용이 비싸요. 또, 바람의 방향과 풍속이 지역이나 시기에 따라 편차가 크고 예측이 어려워서 독립 전원으로 사용하기 힘들어요.

물의 힘, 수력 에너지

인류는 오래전부터 물의 힘을 이용해 왔어요. 물의 힘으로 곡식을 빻는 물레방아는 고대 로마 시대에도 사용되었어요. 로마 사람들은 돌산을 깎아 16개의 물레방아를 돌려 하루에 4.5톤이나 되는 밀가루를 생산했다고 해요. 강이나 시내에 흐르는 물의 힘을 이용해서 수차를 돌리고 수차에 연결된 방아나 맷돌로 곡식을 빻는데, 물의 위치 에너지를 곡식을 빻는 기계적 에너지로 변환하는 원리지요. 전기가 발명되기 전까지는 주로 곡식을 빻는 등 기계적으로 이용되다가 19세기 말, **전기가**

미국 대공황과 후버 댐

1929년부터 시작된 미국의 대공황으로 수많은 사람이 일자리를 잃자, 후버 대통령은 일자리를 만들 수 있는 대규모 토목 공사를 계획했다. 홍수와 가뭄이 끊이지 않았던 콜로라도 강에 대규모 다목적 댐을 건설하기로 했는데, 발전 용량이 2기가와트이므로 웬만한 원자력 발전소 2개에 해당하고, 댐으로 만들어진 인공 호수의 크기가 서울의 면적과 비슷했다. 또, 63빌딩 높이에 저수량은 국내 최대인 소양강 댐의 11배나 된다고 한다. 1931년 후버 대통령 때 볼더 댐이라는 이름으로 착공하고 1936년 루스벨트 대통령 때 완공되었는데, 후버 대통령을 기념해서 후버 댐으로 이름을 바꾸었다.

발명되면서 물의 힘을 이용해서 전기를 생산하는 수력 발전용 댐이 생겼어요. 계곡에 물만 가둘 수 있으면 엄청난 전기를 생산할 수 있는 수력 발전은 널리 확대되었고, 후버 댐과 같이 점점 더 커다란 수력 발전소가 건설되고 있어요.

수력 발전은 다양한 방법으로 구분할 수 있지만 여기서는 댐식 발전과 양수 발전, 지하수력 발전, 소수력 발전의 네 가지로 나누어 보도록 해요.

먼저, 댐식 발전은 댐에 물을 가두었다가 높아진 수위 차를 이용하여 흘려보낸 물의 힘으로 터빈을 돌려 발전하는 방식이에요. 수력 발전 중에 전 세계적으로 가장 많은 전기를 생산하는 방식이지요. 현재 세계에서 가장 큰 수력 발전소는 중국의 싼샤 댐인데, 발전 용량이 2만 2500메가와트로 중국 전체 전기 소비량의 15퍼센트나 공급할 수 있는 엄청난 규모예요.

양수 발전은 높이가 다른 두 개의 저수지에 물을 퍼 올렸다가 흘려보내면서 전기를 생산하는 방식이에요. 전기 수요가 적을 때 값싼 전기로 아래 저수지에서 위 저수지로 물을 퍼 올려놓았다가 전기가 많이 필요한 때에 위 저수지에서 아래 저수지로 물을 흘려보내 발전해요. 얼핏 보면 그냥 물을 이용해서 전기를 생산하지, 왜 비싼 전기로 물을 퍼 올릴까 싶어요. 하지만 물의 양이 충분하지 않아 항상 댐에 물을 가둬 놓을 수 없거나 전력 수요의 편차가 큰 경우에는 양수 발전이 필요해요.

지하 수력 발전은 지표면 아래에 수력 발전 시설을 짓는 거예요. 지반이 약해 지상에 발전소를 건설하기 어렵거나 전쟁 때 공중 폭격에 대비하기 위해 지하에 건설하는 경우가 있지요. 지하 수력 발전은 댐에서 나오는 물을 이용하거나 직접 강물을 사용하기도 하고 양수 발전과 같이 사용하기도 해요.

소수력 발전은 한마디로 소규모 수력 발전이라고 생각하면 돼요. 우리나라는 3000킬로와트를 소수력이라고 하지만 나라마다 기준은 달라요. 소수력은 댐에 비해 작은 규모이므로 건설 비용이 저렴하고, 물이 흐르는 곳이면 대부분 설치가 가능해서 소규모 발전용으로 널리 사용되고 있어요.

수력 발전은 한번 설치하면 수명이 100년에 이를 정도로 길고 운영 인력도 별로 필요 없어 발전 비용이 싸다는 장점이 있어요. 또한 정지 상태에서 정상 전력 발전까지 90초 이내에 가능하므로 에너지 수요에 빠르게 대응할 수 있어요. 발전용수만 확보되면 안정적으로 대용량 발전이 가능해서 산업 단지와 같이 많은 양의 전력이 항상 필요한 지역에 전기를 공급할 수도 있지요. 덤으로 만들어진 저수지는 양식장이나 수상 스포츠 시설 등의 관광 자원으로 활용하고, 저수지의 물은 안정적인 농업용수로도 사용할 수 있어요.

그러나 수력 발전은 댐 건설을 위해 엄청나게 넓은 지역을 물에 잠기게 해서 마을이나 문화 유적이 수몰되기도 하고, 숲이나 초원, 늪지, 계곡과 같이 다양하고 소중한 자연 자원이 없어지기도 해요. 끊겨 버린 물길 때문에 연어나 송어같이 상류로 올라가서 알을 낳는 회유성 어류들은 생존을 위협받기도 하지요. 또한 홍수 등의 이유로 한번 댐이 붕괴되는 사고가 나면 댐 아래의 마을과 농토 및 공장이 침수되는 큰 피해가 발생할 수 있어요.

수력 발전은 전 세계적으로 평균 16퍼센트 정도의 전력 생산을 담당하지만, 나라마다 환경에 따라 그 비율은 달라요. 계절별로 강수량의 차이가 큰 우리나라는 예비 전력용으로 주로 사용하므로 전체 발전의 1.7퍼센트밖에 되지 않지만, 북한은 70퍼센트나 돼요. 북한에 산악 지형이 많은 이유도 있지만, 일제 강점기 때 지어진 수력 발전소를 그대로 사용하고 화력이나 원자력 발전 등에 투자하지 못했기 때문이기도 해요.

수력 발전은 지형 등 자연환경에 크게 영향을 받아요. 스웨덴은 산악 지형에다 수량이 풍부해 수력 발전이 96퍼센트나 차지하는데, 바로 옆에 있는 핀란드는 평지라서 20퍼센트 정도밖에 되지 않는다고 해요.

마그마의 선물, 지열 에너지

따뜻한 물이 땅에서 솟아나는 온천에 가 본 적이 있을 거예요. 영국의 배스(Bath)는 로마 시대에 지어진 온천으로 유명한 도시인데, 여기에서 나오는 온천물은 질병을 치료하는 효과가 있다고 해요. '목욕'을 뜻하는 영어 단어 'bath'가 유래된 곳이기도 해요. 아이슬란드에서는 곳곳에 있는 화산 분화구의 열을 이용해서 빵을 만들었다고 하는데, 그 빵을 '볼케이노 브레드'라고 해요. 이처럼 사람들은 **땅속에서 나오는 열을 아주 오래전부터 사용해 왔어요.**

지열을 이용하는 방법에는 지하수의 온도가

> **tip**
> ### 마그마와 지열
> 내핵, 외핵, 맨틀로 이루어져 있는 지구의 내부에는 우라늄과 토륨과 같은 방사능 물질이 있어서 지속적으로 핵분열 반응을 일으키고 있다. 결국 우리는 살아 있는 원자력 발전소 위에 살고 있는 셈이다. 지구 내핵의 온도는 약 6000℃까지 올라가는데, 이 열은 지구 표면으로 올라오면서 계속 식어서 외핵과 만나는 맨틀 층은 약 4000℃, 지표면과 만나는 맨틀 층 바깥 면은 약 100℃ 정도 된다. 맨틀 층 바깥에 파이프를 꽂아 그 열로 데워진 물을 이용해 온수를 사용하거나 발전을 할 수 있다.

10~90℃ 정도로 낮은 경우에 난방에 직접 이용하는 방식과, 120~350℃ 로 높아 고압의 증기를 발생시켜 터빈을 돌려서 발전하는 간접 이용 방식이 있어요. 지열 발전 하면 간접 방식을 가리키는 경우가 많아요.

지열로 전기를 생산하는 지열 발전은 1904년 이탈리아의 피에로 콘티가 처음으로 생각해 냈고, 그 이후에 미국과 일본 및 뉴질랜드에서 상업용 발전소를 짓기 시작했어요. 지열 발전은 마그마의 활동이 활발한 화산 지대나 암반층의 구성에 따라 지하수의 온도가 높이 올라가는 지역에 주로 건설해요.

지열 발전 시스템은 주입정, 생산정, 열교환기, 냉각기, 터빈과 발전기로 구성되어 있어요. 생산정은 땅속 깊이 파이프를 꽂아서 뜨거운 물을 끌어 올리는 장치예요. 열교환기는 생산정에서 올라온 뜨거운 물에서 증기를 얻어요. 열교환기에서 발생한 증기로 터빈을 돌리면 터빈에 연결된 발전기에서 전기가 생산되죠. 터빈을 돌리고 나온 증기를 냉각기에서 식혀서 액체로 만들고, 액체가 된 물은 다시 주입정을 통해 지하로 들어가요.

지열 발전은 땅속에서 뜨거운 물을 뽑아내기만 하면 되므로 운영비가 아주 저렴해요. 또한 땅속의 온도가 일정해서 태양이나 바람처럼 날씨에 영향을 받지 않고 일 년 내내 전기를 생산할 수 있는 장점이 있어요. 반면, 땅속 어디를 파야 뜨거운 물이 나올지 모르기 때문에 적당한 위치를 찾는 데 비용이 많이 들고 정확한 발전량을 예측하기가 어려워요. 장소도 한정적이어서, 미국, 멕시코, 일본, 인도네시아, 필리핀, 아이슬란드 등과 같이 화산 활동이 활발한 지역에서 지열 발전에 대한 관심이 높아요.

셰일 가스

셰일은 진흙이 오랫동안 수평으로 쌓여 단단하게 굳은 퇴적암층의 이름이다. 이 퇴적암층에 갇혀 있는 천연가스를 셰일 가스라고 한다. 매장량이 엄청나게 많다는 것은 알려져 있었지만 시추하기가 어려웠다. 1989년, 미국의 채굴업자 조지 미첼이 모래와 화학 첨가물이 섞인 물을 고압으로 밀어 넣어 그 힘으로 밀려 나온 가스를 채굴하는 방법을 개발하면서 본격적으로 채굴되기 시작했다. 러시아, 미국, 중국 등 중동 석유 국가 이외의 지역에 주로 분포되어 있는데, 전 세계가 앞으로 60년 정도 사용할 수 있는 엄청난 매장량이라고 한다. 셰일 가스의 채굴 비용은 석유보다 상대적으로 비싼데, 석유 가격이 배럴당 45달러 이상은 되어야 채산성이 있어서, 셰일 가스의 경쟁력은 석유 가격과 국제 정세에 민감하다.

그러나 아무리 화산 활동이 활발한 지역이라도 지하수가 없으면 뜨거운 물을 뽑아낼 수가 없어요. 그런 경우에는 인공적으로 물을 저장해 놓고 지열로 물을 가열할 수 있도록 해요. 이 기술이 개발된 이후에 지열 발전은 급속도로 확산되었는데, 치명적인 부작용은 지진이에요. 지열 발전은 땅속 깊이 파이프를 넣어 고압으로 물을 주입하거나 빼내면서 단층을 활성화해 지진을 일으킬 수 있는데, 실제로 2017년 포항에서 발생한 지진은 지열 발전 때문이라고 밝혀졌어요. 지열 발전 이외에 셰일 가스나 석유 및 가스 채굴에 의해서도 지진이 발생한다는 연구 결과가 있어서 이러한 탐사를 할 때에는 세심한 조사가 필요하답니다.

버리는 식용유로 연료를! 바이오 에너지

캠핑을 가거나 시골에 갔을 때 장작을 때서 밥을 지어 먹기도 해요. 인도나 파키스탄, 아프리카 등지에서는 소똥을 말려서 연료로 사용하기도 하고, 볏짚을 말려 두었다가 땔감으로 사용하기도 하지요. 식물이나 가축의 분뇨, 농업이나 임업 부산물, 음식물 쓰레기 등의 생물 자원을 바이오매스라고 하는데, 이런 바이오매스를 이용해서 생산한 에너지를 바이오 에너지라고 해요. 바이오매스는 산이나 들판, 바다 등 어디에서나 얻을 수 있고, 화석연료처럼 한 번 사용하면 다시 만들어지기까지 오래 걸리는 것이 아니라 계속 생산되기 때문에 바이오 에너지는 지속 가능한 재생 에너지라고 할 수 있어요.

바이오 에너지는 장작이나 소똥을 태우는 것과 같이 바이오매스를 직접 연소시키는 방법과 바이오매스에서 연료를 변화하거나 추출하는 방법으로 얻을 수 있어요. 직접 연소는 소똥이나 짚, 장작, 음식물 쓰레기처럼 자연에서 채취해서 사용하거나, 사용하기 편하고 열효율이 높도록 가공한 펠릿이나 칩을 태워서 열을 얻는 방법이에요. 목재나 제지 공장의 부산물이나 농축산 부산물 등 다양한 재료들이 직접 연소에 사용될 수 있

고, 쓰고 남은 쓰레기를 태워 연료로 사용하므로 쓰레기를 줄이는 장점이 있지만 이산화탄소를 비롯한 온실가스를 배출하는 단점이 있어요.

펠릿과 칩

펠릿(pellet)은 작은 입자로 갈아서 열을 가하면서 적당한 크기로 압착한 알갱이고, 칩(chip)은 잘게 부스러진 조각이다. 일반적으로 펠릿이 수분율이 낮아 열량이 더 높다.

바이오매스에서 액체 연료를 추출해서 각종 연료로 사용하는 액체화 방법도 있어요. 용도에 따라 사용되는 액체 연료의 종류도 다양해요. 폐식용유나 각종 동식물 기름에서 경유와 같은 바이오 디젤을 생산할 수 있어요. 또 옥수수, 사탕수수, 사탕무, 감자, 고구마, 목재 부산물 등 다양한 재료에서 에탄올을 추출하는데, 이 에탄올은 주로 연료전지 자동차에 사용돼요. 왕겨, 톱밥이나 목재 공장 부산물에서 메탄올을 추출해 발전소나 연료전지의 연료로 사용하기도 하지요. 가스화는 가축의 배설물이나 식품 폐기물 또는 각종 농수산 부산물, 쓰레기 매립장에서 발생하는 메테인 가스를 모아서 발전소 등의 연료로 사용하는 방법이에요.

바이오매스에서 얻는 바이오 연료는 재료에 따라 세 가지 단계로 구분할 수 있어요. 1세대 바이오 연료는 설탕, 녹말 또는 동식물성 기름에서 전통적인 방식으로 연료를 추출하는 방식인데, 사람이나 가축의 식량으로 사용할 수 있는 재료를 연료로 사용하므로 더 많은 바이오 연료를 생산하기 위해 식량 생산과 충돌한다는 문제가 있어요.

2세대 바이오 연료는 사람이나 가축이 먹을 수 없어 버려지는 식물의 줄기나 껍질, 목재 부산물 등을 이용해서 생산하는 연료예요. 1세대에 비해 식량 자원과 충돌하지 않는다는 장점은 있지만 원료에서 연료를 추출하는 작업이 복잡하고 가격이 비싸요. 3세대 바이오 연료는 2세대처럼 식량 자원은 아니면서 간단하고 저렴하게 연료를 얻을 수 있는 방법인데, 주로 해조류 기반의 원료에서 생산이 가능해요.

 이처럼 자연의 생물 자원에서 연료를 얻는 다양한 방법과 고려할 점이 있는데, 그중에서도 특히 바이오 에너지 원료 작물을 생산하기 위해 무분별하게 산이나 논밭 또는 호수 등을 개발하는 것은 오히려 온실가스를 흡수하는 자연을 훼손하는 일이므로 조심해야 해요. 원료 작물을 생산하기 위해 가축 농장이나 논밭을 없앤다면 오히려 소중한 식량 자원을 위협하는 일이 되니까요.

버려지는 쓰레기를 이용하는 폐기물 에너지

 야외에서 쓰레기를 모아서 태우는 걸 본 적 있나요? 쓰레기를 그냥 태우면 불이 날 수 있고, 유해 가스와 미세 먼지가 발생해서 위험해요. 그런데 이런 위험만 잘 제거할 수 있다면, 버려지는 쓰레기를 태워서 그 열로 전기와 따뜻한 물을 만든다면 좋지 않을까요? 재활용이 안 되는 쓰레기를 종량제 봉투에 넣어 버리면 쓰레기 소각장으로 보내지는데, 소각장에서 쓰레기를 태워 아파트나 공장에서 사용하는 열과 전기를 생산하기 때문에 '열병합 발전소'라고 불러요.

폐기물 에너지에는 각종 폐기물을 직접 태워 열과 전기를 얻는 방법과 폐기물 중에 포함된 물질을 분해해서 고체, 액체 또는 기체 연

tip 쓰레기 종량제

쓰레기 종량제는 쓰레기 배출량을 줄이기 위해 배출하는 쓰레기에 요금을 부과하는 제도이다. 우리나라는 1995년부터 시행하고 있는데, 봉투의 크기는 1리터에서 100리터까지 다양하다. 봉투 가격은 실제 쓰레기 처리비의 30퍼센트 정도를 차지하는데, 나머지는 지방 자치 단체나 쓰레기 처리 업체에서 국가 보조금을 받아 부담한다. 종량제 봉투에는 음식물과 재활용품을 제외한 소각 가능한 쓰레기만 넣어야 한다.

료를 얻어 사용하는 방법이 있어요. 가연성 폐기물을 소각해서 열과 전기를 얻으면서 쓰레기를 없애니까 좋은 방법이에요. 하지만 폐기물을 쌓아 두면 악취가 발생하고 소각 과정에서 환경오염 물질이 발생하기 때문에 이를 제거하기 위해 많은 투자가 필요해요.

종이나 플라스틱, 나무와 같은 가연성 폐기물을 분리, 건조, 파쇄, 성형의 여러 공정을 거쳐 고체 연료로 만들어 쓰기도 하고, 자동차에서 쓰고 버리는 폐윤활유를 모아 정제해서 재생유를 생산하기도 해요. 폐플라스틱으로는 열분해 및 촉매 기술을 활용해서 디젤 엔진에 사용되는 연료를 생산하기도 하지요.

이전에는 폐비닐과 폐플라스틱과 같이 재생이 안 되는 폐기물을 태워 생산한 에너지도 신재생 에너지로 분류해서 이러한 폐기물 소각 발전소가 우후죽순 생기고 부당하게 보조금을 받는 일이 많아 주민들의 반대가 심했어요. 다행히 2019년 10월부터는 비재생 폐기물로 생산하는 에너지는 재생 에너지에서 공식적으로 제외하기로 했어요.

선진국들은 1970년대부터 폐기물을 에너지화하기 위한 노력을 많이 했어요. 미국이나 유럽, 일본에서는 성형 고체 연료를 만들어 화력 발전소에서 석탄과 같이 연료로 사용하기도 해요. 또한 이들 나라에서는 폐유의 재생률이 50퍼센트가 넘을 정도로 재활용을 잘하고 있어요. 우리나라는 폐기물 활용 연료 생산은 아직 부족하지만, 열병합 발전소는 많이 짓고 있어요. 특히 우리나라의 정보 통신 기술을 활용하여 신도시에서 스마트 집하 장치를 통해 쓰레기를 효율적으로 처리하고 재사용하는 쪽으로 개발한다면 폐기물 에너지 분야에서 앞서 나갈 수 있어요.

바닷물의 힘, 해양 에너지

바닷가에서 수영을 하거나 배를 타고 바다에 나갔을 때, 파도에 따라 몸이 부웅 떴다가 내려오거나 배가 출렁거려 뱃멀미가 난 적이 있나요? 옛날부터 고기 잡으러 나간 어선이 바다에서 집채만 한 파도를 만나면 배가 뒤집혀 살아 돌아오지 못하는 경우가 많았어요. 해일이나 쓰나미가 육지로 밀어닥치면 사람이나 가축은 물론 자동차나 건물까지 흔적도 없이 쓸려 가 버리고 말지요.

지표면의 70퍼센트를 차지하는 바다는 엄청난 에너지를 가지고 있어요. 언제나 밀려오는 파도, 밀물과 썰물, 바닷물의 이동, 태양열을 흡수하여 더워진 표층의 물과 항상 낮은 온도를 유지하는 심층 물의 온도 차이 등은 모두 에너지로 이용할 수 있는 중요한 자원이에요. **바다의 힘을 이용하여 생산하는 에너지를 해양 에너지**라고 하는데, 조력 발전, 파력 발전, 조류 발전, 해양 온도 차 발전 등의 네 가지로 나뉘어요.

밀물 때는 바닷물이 들어왔다가 썰물 때는 빠져나가요. **조력 발전**은 밀물 때 들어온 물을 가두었다가 썰물 때 흘려보내면서 발전기를 돌려 전기를 생산하는 방법이에요. 우리나라 서해안과 같이 조수 간만의 차이가

큰 지역이 설치하기 좋은 곳인데, 하루에 두 번, 밀물과 썰물 때 전기를 생산할 수 있어 발전량을 예측할 수 있다는 장점이 있어요.

파력 발전은 파도의 힘으로 압축 공기를 만들어 발전기를 돌리거나, 파도로 넘쳐 들어온 바닷물을 흘려보내 발전기를 돌려요. 또한 부표를 바닥의 실린더에 연결해서 파도에 의해 오르내리는 부표가 실린더를 끌어올려 발전기를 돌리는 방식도 있어요. 방파제로도 사용할 수 있고 소규모 발전도 가능하다는 장점이 있지만, 파도가 일정하지 않고 바닷물에 발전기 등이 노출되어 내구성에 문제가 있을 수 있다는 단점이 있어요.

조력 발전이 밀물과 썰물의 수위 차이를 이용했다면, 조류 발전은 밀물과 썰물로 생기는 빠른 물살의 유속을 이용해서 발전하는 방식이에요. 수차나 발전기를 유속이 빠른 지역에 설치해야 경제성이 있지요. 물살이 세기로 유명해서 이순신 장군이 왜군을 무찔렀던 울돌목은 유속이 초당 5.5미터나 되어서 이곳에 세운 조류 발전소는 400가구가 1년 동안 쓸 전기를 공급할 수 있는 규모라고 해요.

바다 깊숙이 있는 물을 해양 심층수라고 하는데 온도가 4℃ 이하로 낮고 시간과 장소에 상관없이 거의 일정해요. 한편 표층수는 온도가 10℃에서 30℃로 높고 계절과 지역에 따라 차이가 많아요. 해양 온도 차 발전은 표층수와 심층수의 온도 차이가 큰 적도 지역이 가장 유리한데, 심층수에 의해 액화된 냉매를 표층수로 기화시켜 그 힘으로 터빈을 돌려 발전하는 원리예요.

해양 에너지는 영구적으로 사용할 수 있고 오염 걱정 없는 청정 재생 에너지이지만, 에너지를 생산할 수 있는 시기를 예측하기 어렵고 거대한 구조물을 설치해야 해서 추가 투자 비용이 많이 드는 단점이 있어요. 그래서 에너지의 양과 잠재력에 비해 아직 본격적으로 실용화되지는 않고 있어요. 하지만 삼면이 바다이고 지역이나 계절에 따라 기후의 편차가 큰 우리나라는 해양 에너지를 활용하기에 좋은 조건이라 앞으로 성장이 기대돼요.

깊은 바닷속 보물, 해양 심층수

바닷물은 해류를 따라 전 세계를 순환하는데, 바닷물이 순환하다가 북극 지방에 가면 빙하의 영향으로 온도가 2℃까지 내려간다. 일반적으로 해수면 가까이에 있는 바닷물을 표층수라 하고, 200미터 이상 깊은 곳에 있는 바닷물을 심층수라고 한다. 표층수는 태양열이 충분히 흡수될 수 있는 깊이라 광합성 작용으로 다양한 해양 생물이 서식하고 이로 인해 풍부한 유기물이 생성되지만, 공기나 육지에서 유입되는 각종 폐수와 다양한 물질로 인해 오염에도 노출되어 있다. 그런데 심층수는 낮은 온도로 밀도가 높아 가라앉기 때문에 표층수와 섞이지 않고 계속 심해에서 순환한다. 오염 물질이나 유기물이 섞이지 않아 깨끗하고, 해저 표면의 광물에서 녹아 나오는 각종 미네랄 역시 풍부하다. 그래서 해양 심층수로 의약품이나 화장품을 만들거나 식수나 식품으로 활용하려는 연구가 활발하게 진행되고 있다.

Chapter 5
그 밖의 미래 에너지 관련 기술들

값싸고 안전하지만 조심해서 다루어야 할 원자력

신재생 에너지는 아니지만 미래의 지속 가능한 에너지를 말할 때 빼놓을 수 없는 에너지원과 기술들이 있어요. 원료가 값싸고 매장량이 풍부한 원자력 에너지와 심해에서 얼음 상태로 발견되는 천연가스인 메테인하이드레이트예요. 또한 에너지원은 아니지만 전기를 저장했다가 필요할 때 사용하는 에너지 저장 장치와 온도나 압력 차이 등 다양한 방법을 이용해서 전기를 만들어 내는 에너지 하베스팅도 빼놓을 수 없는 기술이에요. 에너지를 효율적으로 전송하고 배분하는 것 또한 매우 중요한 에너지 관련 기술이지요. 그리고 언뜻 보기에 신재생 에너지와 관련 없어 보이지만 신재생 에너지를 효율적이고 안전하게 운용하고 점차 확대하기 위해서는 원자력이 기저 에너지로 반드시 필요해요.

일반적으로 원자력이라고 하면 핵분열을 말하는데, 사실 원자력에는 핵분열과 핵융합 두 가지가 있어요. 이 두 가지 모두 이산화탄소를 전혀 배출하지 않는 청정에너지예요.

핵분열은 우라늄과 같이 무거운 원자핵에 중성자가 충돌하여 2~3개의

중성자와 함께 우라늄보다 가벼운 물질로 분열되는 현상을 말하는데, 이때 발생하는 에너지를 이용해서 전기를 생산해요. 엄밀하게 따지면 핵분열 발전이라고 하는 게 맞지만 일반적으로 원자력 발전이라고 해요. 핵융합은 수소와 같이 가벼운 원자핵들을 1억℃ 이상으로 가열해 빠른 속도로 서로 충돌하게 해서 핵분열보다 7배나 많은 에너지를 방출하는 원리예요.

 핵분열 발전은 초기 건설 비용이 높은 편이지만 연료비가 싸고 이산화탄소와 같은 온실가스를 전혀 배출하지 않아요. 또한 우라늄의 매장량이 100년 이상으로 풍부하고, 석유처럼 일부 산유국에만 매장되어 있지 않고 비교적 넓은 지역에 분포되어 있다는 장점이 있어요. 하지만 우라늄도 천연자원이라 영원히 사용할 수 없고, 발전소에서 나오는 방사능 폐기물 처리도 쉽지 않다는 문제점이 있어요. 특히 사고가 발생했을 때 방사능 물질이 유출되면 환경에 엄청난 영향을 미치므로 아무리 주의를 해도 지나치지 않아요.

 핵융합 발전의 장점은 원료인 중수소와 삼중수소의 고갈과 방사능 걱정을 할 필요가 없다는 점이에요. 중수소는 바닷물에서 무한히 얻을 수 있고, 삼중수소는 중성자와 리튬을 반응시켜 무한히 만들어 낼 수 있어요. 또한 핵융합에서는 방사능 물질이 거의 발생하지 않고 반응이 일어날 때만 수소 연료를 주입하므로, 만약에 사고가 나더라도 방사능 물질이나 에너지 유출에 대한 걱정을 하지 않아도 돼요. 하지만 가장 큰 단점은 아직 상용화되려면 최소한 30년은 기다려야 한다는 점이에요. 태양 중심 온도의 7배가 넘는 1억℃를 달성하고 유지하는 기술을 포함해서 아직 개발해야 할 기술이 많이 남아 있어서 우리나라를 비롯하여 미국, 러시아, 중국, 인도, 일본 그리고 유럽연합이 국제 연구 프로젝트를 만들어 공동으로 개발하고 있어요.

소형 원자로가 원자력의 미래?

미국, 중국, 프랑스, 러시아, 영국 등의 국가들은 신재생 에너지만으로 안정적으로 에너지를 공급할 수 없다는 판단에 따라 소형 원자로를 개발하고 있다. SMR이라고 하는 소형 원자로는 증기 발생기, 냉각재 펌프, 가압기 등을 하나의 용기에 담는 일체형 원자로인데 기존 대형 원자로의 약 3분의 1 크기이다. 건설 비용이 낮고 현장 조립이 가능해 태양광, 풍력 등과 같은 신재생 에너지를 보조하는 전원으로 사용될 수 있다.

핵융합이 미래의 무한 청정에너지라면 핵분열은 현재 사용할 수 있는 에너지 중에서 가장 싸면서 깨끗한 에너지원이에요. 방사능 물질이 유출되면 엄청난 피해가 있어서 독일, 스위스, 벨기에와 같은 나라는 노후 원전을 폐쇄하고 새로운 원전은 짓지 않는 탈원전 정책을 추진하고 있지만, 아랍에미리트, 영국, 터키, 인도와 같은 나라들은 원전 건설을 확대하고 있고 특히 중동 국가들은 미래에 석유 자원이 고갈될 때를 대비해서 원자력 발전소 건설에 열심이에요. 이 시장은 원자력 발전소 건설뿐만 아니라 해체를 포함한 관련 산업에 세계적인 경쟁력을 가지고 있는 우리나라의 미래 먹거리 중 하나여요.

불타는 얼음, 메테인하이드레이트

〈독도는 우리 땅〉이라는 노래처럼 우리 땅 독도를 일본이 자기네 땅이라고 우긴다는 이야기를 들어 봤을 거예요. 그런데 일본이 독도를 탐내는 진짜 이유가 독도 자체보다 다른 걸 노리는 것일 수도 있어요. 바로 메테인하이드레이트예요.

바다 깊숙이 내려가면 압력이 점점 높아져서 온도가 0℃ 이하가 되어도 얼지 못하고 얼음과 물이 섞여 있는 상태가 돼요. 그 사이를 박테리아가 분해되어 생긴 천연가스가 채우면서 빠져나오지 못하고 얼어서 드라이아이스 같은 형태로 갇혀 있는 것을 '가스 하이드레이트'라고 불러요. 천연가스의 대부분이 주로 메테인이라 '메테인하이드레이트'라고도 부르는데, 드라이아이스처럼 생겼고 불을 붙이면 타기 때문에 '불타는 얼음'이라고도 불러요.

메테인하이드레이트에는 메테인 가스가 고체 상태로 들어 있는데, 고체 1리터를 가스로 바꾸면 약 200리터 가까이 된다니 엄청난 양이에요. 메테인하이드레이트는 주로 캐나다, 알래스카, 시베리아, 노르웨이, 멕시코만, 일본 근해, 인도 근해, 흑해 등의 대륙 주변과 심해에 매장

되어 있어요. 전체 약 10조 톤 정도 되는 이 매장량은 전 세계 석유와 석탄 매장량을 합친 것보다 훨씬 많고, 앞으로 500년 정도는 사용할 수 있는 양이라고 해요. 독도 주변의 동해에는 특히 고순도의 메테인하이드레이트가 많이 매장되어 있는데, 다른 지역보다 50퍼센트 이하의 가격으로 채굴이 가능하다고 해요.

메테인하이드레이트는 매력적인 자원이지만 당장 사용하기에는 극복해야 할 한계점이 있어요. 메테인하이드레이트를 태우면 물과 이산화탄소 외에 다른 온실가스가 나오지 않고 이산화탄소 배출량도 다른 화석연료보다 낮다는 건 장점이에요. 하지만 메테인하이드레이트를 태우지 않고 꺼내면 온실가스 중의 하나인 메탄이 그대로 방출되어 버리기 때문에, 시추 과정에서 메탄의 방출을 막는 기술 개발이 꼭 필요해요. 또 심해에 매장된 메테인하이드레이트를 채굴했을 때 지반 침하와 같은 지각 변동과 해수 온도 상승 및 해수면의 변화 등 예측하기 어려운 일이 생길 우려도 있어요.

아직 상용화까지는 갈 길이 멀지만 엄청난 매장량과 잠재력을 가지고 있어 미국과 일본에서는 30년 전부터 활발하게 연구를 하고 있고, 일본 근해에서는 실제 채취에도 성공했다고 해요. 우리나라도 엄청난 매장량을 가지고 있으니, 잠재력이 높은 메테인하이드레이트 이용을 위한 연구를 활발히 해 나가야 해요.

필요할 때 사용하는
에너지 저장 장치, 배터리

카메라, 휴대 전화, 노트북, 손목시계, 랜턴, 자동차, 장난감 로봇, 전동 공구… 이것들의 공통점은 무엇일까요? 모두 전기를 저장해 놓은 배터리가 없으면 작동하지 못한다는 거예요. 배터리는 우리가 매일 사용하는 작은 것들도 있지만, 비상 전원 공급 장치와 같이 커다란 에너지 저장 장치도 있어요. 특히 태양광, 풍력, 수력과 같은 신재생 에너지는 발전량을 예측하기 어려워 에너지 저장 장치의 도움이 반드시 필요한데, 그중에서 가장 많이 사용되는 배터리에 대해 알아보도록 해요.

고대 페르시아에서도 배터리로 추정되는 점토 항아리가 발견되기는 했지만 공식적으로는 1800년 이탈리아의 알렉산드로 볼타가 아연판과 은판 사이에 양잿물 적신 종이를 끼워 전기를 발생시킨 볼타 전지가 최초의 배터리예요. 전압의 단위인 볼트도 그의 이름을 딴 거예요.

배터리는 한 번 쓰고 버리는 1차 전지와 계속 충전해서 사용할 수 있는 2차 전지로 나눌 수 있어요. 1차 전지는 일회용 전지로 보통 건전지라고 하는데, 다양한 형태로 발전해서 최근에는 망가니즈 전지, 알카라인 전

지가 많이 사용되고 있어요. 망가니즈 전지는 가장 안전하게 일반적으로 사용하는 배터리예요. 알카라인 전지는 전해액을 알칼리성 용액으로 바꾸어 망가니즈 전지보다 순간 전류를 더 많이 흘릴 수 있고 수명이 길어 시계나 카메라 플래시 등에 많이 사용해요. 일명 '단추 전지'라고도 불리는 수은 전지도 1차 전지예요. 수은 전지는 작은 크기에 용량이 크고 전압 변동이 적어 손목시계, 보청기, 자동차 키 등 작으면서 오랫동안 사용할 수 있는 곳에 주로 사용해요.

한편, 2차 전지는 충전해서 반영구적으로 사용하는 전지예요. 충전 물질로 무엇을 쓰느냐에 따라 납축 전지, 니켈 카드뮴 전지, 니켈 수소 전지, 리튬 이온 전지 등으로 나뉘어요.

납축 전지는 19세기 말부터 사용되어 왔는데, 전해질이 수용액이라 부피가 크고 에너지 저장 밀도가 그리 높지 않아 자동차, 오토바이, 잠수함 등의 전원으로 사용해요. 전극으로 사용하는 납 때문에 최근에는 점차 사용이 줄어들고 있어요.

니켈 카드뮴 전지는 19세기 말, 니켈 수소 전지는 1990년대에 개발되어 산업용, 군사용은 물론, 리튬 이온

tip
왜 AA 전지라고 부를까?

제1차 세계대전이 끝나고 미국의 배터리 생산업자들은 한자리에 모여서 배터리 사이즈의 표준화를 의논했다. 그때 지금의 AA 전지와 비슷하게 생겼는데 좀 큰 사이즈의 전지에 A, 그보다 조금 더 크거나 뚱뚱한 전지면 B, C, D로 이름 붙였다. 세월이 지나면서 B와 D 타입은 사용하는 곳이 적어져 점점 사라지게 되었고, A와 C 타입이 주로 사용되게 되었다. 배터리 성능이 좋아지고 전자 기기가 소형화되면서 작은 배터리가 태어났는데, A 타입과 생긴 게 비슷해서 점점 작아질수록 AA, AAA로 이름 붙인 것이다.

전지가 개발되기 전까지 휴대폰이나 노트북 등 모바일용으로도 많이 사용되었어요. 완전 충전과 방전을 하지 않으면 메모리 효과 때문에 수명이 단축되는 단점이 있어요.

리튬 이온 전지는 1912년 처음 개발되었으나 충전시 안전성 문제로 사용되지 못했어요. 그러다가 1990년 후반부터 충전할 때 온도 상승을 피해야 한다는 점을 발견하여 이 부분을 개선하면서 휴대 전화, 노트북 등에 널리 사용되고 있어요. 여러 차례 폭발 사고에도 불구하고 니켈 수소 전지에 비해 가볍고, 에너지 밀도가 높고, 메모리 효과가 없다는 장점 때문에 가장 많이 사용되고 있어요.

리튬 이온 전지의 단점을 보완한 리튬 폴리머 전지는 차세대 전지로 연구되고 있어요. 액체가 아닌 고체나 겔 상태의 폴리머를 사용하기 때문에 두께를 6분의 1로 줄일 수 있고, 폴리머의 안정성이 높아 전지에 구멍이 나도 용액이 흘러나오거나 불이 붙을 위험이 거의 없어요.

전고체 전지는 전해질을 고체로 바꾸어 별도의 분리막 없이 전해질이 분리막 역할까지 하도록 한 전지예요. 배터리의 크기를 줄일 수 있고, 구부리거나 얇게 만드는 등 다양한 형태로 만들면서 폭발 걱정도 할 필요가 없어 미래의 배터리로 주목받고 있어요. 최근에 우리나라에서 전고체 전지의 한계를 극복할 수 있는 기술 개발을 세계적으로 주도하고 있는데 자동차에 적용하기 위한 노력이 활발해요.

배터리를 이용해서 가정이나 산업 현장에서 남는 전기를 저장했다가 필요할 때 꺼내서 사용하는 장치를 에너지 저장 장치(ESS, Energy Storage System)라고 부르는데, 배터리, 전력 변환 장치, 전력 관리 장치,

배터리 삼국지

현재 전기차용 배터리를 대량 생산할 수 있는 나라는 한국, 일본, 중국이다. 2022년 상반기 기준 중국의 CATL(30%) 1위, 한국의 LG에너지솔루션(14%) 2위, 중국의 BYD(9%) 3위, 삼성SDI(7%) 4위, 일본의 파나소닉(5%) 5위, SK온(5%) 6위이다. 기술은 아직 일본이 앞서고 중국은 엄청난 내수 시장으로 매출을 늘리며 정부의 전폭적인 지원으로 기술력을 높여 가고 있는데, 그 사이에서 우리나라도 세계 시장의 26%를 차지하며 선전을 하고 있다. 앞으로 10년 후 전체 자동차 시장의 50%가 전기 자동차가 되고 신재생 에너지의 확대로 에너지 저장 장치(ESS) 수요 또한 크게 늘어날 예정이라 배터리 제조사들은 천문학적인 투자를 하면서 배터리 전쟁에서 승리하려고 노력 중이다.

배터리 관리 장치 등 크게 네 가지로 구성되어 있어요.

배터리는 전력 계통이나 태양광, 풍력과 같은 발전 장치로부터 얻은 전기를 저장하는 장치로, 앞에서 말한 리튬 이온, 리튬 폴리머, 전고체 등 다양한 종류의 배터리가 있어요. 전력 변환 장치는 교류 전원을 직류로 변환하여 배터리에 저장하고 배터리에 저장된 직류 전원을 교류로 변환하여 전력 계통에 공급하는 역할을 해요. 전력 관리 장치는 전력 변환 장치나 배터리로부터 정보를 받아 전체 시스템을 모니터링하고 가장 적절하게 충전과 방전을 제어하는 장치예요. 배터리 관리 장치는 충전 정도, 온도, 전류, 전압 등 배터리 상태를 측정하고 전력 변환 장치와 연동하여 배터리의 충전과 방전을 제어하는 장치예요.

미래에는 다양한 종류와 모양의 배터리가 개발되어 화석연료의 사용을 줄이면서 우리 삶을 변화시킬 거예요. 가정이나 아파트 단지마다 보일러 대신 배터리가 설치되고 전기 자동차가 널리 보급되어 전국의 주유소가 배터리 충전소로 바뀌는 모습을 상상하면 재미있지 않나요?

리튬, 제2의 자원 전쟁

　리튬은 에너지 저장 장치(ESS)와 전기 자동차뿐만 아니라 휴대 기기 배터리, 윤활유 첨가제, 유리 제조 등에 다양하게 쓰여요. 주로 소금 성분에서 추출되어 '하얀 석유'라는 별명이 붙어 있어요. '리튬 트라이앵글'이라고 불리는 아르헨티나, 칠레, 볼리비아에 많이 매장되어 있고, 미국, 중국, 호주, 콩고 등에도 많이 분포되어 있어요.
　스마트폰 하나에 리튬 0.02킬로그램이 들어가는데, 전기 자동차 한 대에는 28킬로그램이 들어가요. 2030년에 2000만 대 정도 예상되는 배터리 전기 자동차 시장을 충족시키려면 60만 톤 이상의 리튬이 필요하게 돼요.
　중국은 리튬 확보에 가장 공격적이에요. 전 세계 리튬 생산량의 40퍼센트를 차지하고 있는 중국이지만 매장량은 20퍼센트 정도예요. 전기 자동차와 배터리 세계 1위를 목표로 하고 있는 중국은 2025년까지 전기 자동차 700만 대를 생산할 계획을 갖고 있어서 캐나다, 미국, 멕시코 등의 리튬 광산 및 생산 공장에 투자를 하고 있어요. 특히 리튬 트라이앵글의 리튬 광산을 소유하고 있는 호주 기업에도 전략적으로 투자하면서 리튬 확보에 힘을 쏟고 있어요.
　일본도 10년 전부터 리튬 확보에 공을 들여 왔는데, 아르헨티나 광산 개발권, 호주 광산 회사와 합작 회사 설립 등을 추진하고 있어요.

　중국, 유럽, 일본에 이어 세계 4위 리튬 소비국인 우리나라도 늦었지만 리튬 확보에 팔을 걷어붙였어요. 중국, 캐나다의 리튬 생산 공장과 장기 공급 계약을 맺고, 포스코에서 호주와 리튬 생산 및 가공 합작 공장을 차려 국내 공급망도 확대하고 있어요. 또한 볼리비아 국영 광업 회사와의 전략적 협력을 통해 리튬을 확보하고 있어요.

　세계 최대의 소금 사막인 볼리비아의 우유니 사막은 소금 사막 표면의 물에 반사되는 이미지로 멋진 사진을 찍을 수 있어 많은 사람들의 희망 여행지에 올라 있어요. 우유니 사막에 묻혀 있는 소금의 양은 볼리비아 국민들이 수천 년 동안 사용할 수 있을 정도로 엄청난 양이에요. 하지만 어쩌면 이 멋진 사막 사진도, 맛있는 소금도 전기 자동차에 양보해야 할지 몰라요. 볼리비아가 우유니 사막에 리튬 생산 공장을 짓는 것을 적극 검토하고 있기 때문이에요.

　이처럼 수요는 폭발적으로 증가하는데 생산은 한정적이라 리튬 가격은 빠르게 오르고 있어요. 최근 5년 동안 두 배 이상 가격이 올랐는데 앞으로도 계속 오를 전망이라 석유에 이은 제2의 자원 전쟁인 리튬 대전은 더 치열해질 것 같아요.

다양한 에너지 저장 장치들 :
양수 발전, 플라이휠, 슈퍼 커패시터

배터리가 화학적으로 에너지를 저장하는 장치라면, 물이나 기체의 압력이나 기계적인 힘 등을 이용해서 에너지를 저장하는 방법이 있어요. 남는 전기를 이용해서 위쪽 댐에 물을 퍼 올려 저장해 두었다가 전기가 필요할 때 물을 흘려보내 발전하는 양수 발전은 위쪽 댐에 물을 퍼 올려 놓는 방식으로 전기를 저장하는 거예요.

플라이휠은 회전 에너지를 저장하는 데 사용되는 회전 기계 장치예요. 팽이나 자이로스코프는 한번 회전하기 시작하면 계속 회전하려는 관성 때문에 넘어지지 않고 계속 돌아가지요. 이처럼 한번 돌아가기 시작하면 가만히 두어도 오랫동안 잘 돌아가는 장치를 플라이휠이라고 해요. 남는 전기로 모터를 이용해서 플라이휠을 돌려 놓았다가 전기가 필요할 때 플라이휠의 힘으로 발전기를 돌려 전기를 생산하는 원리가 바로 플라이휠 에너지 저장 시스템이에요. 이 시스템은 온도의 영향을 받지 않고 순간적으로 높은 에너지를 만들어 낼 수 있다는 장점이 있지만, 에너지 밀도가 낮고 베어링의 마찰력으로 에너지 손실이 있다는 단점이 있어요.

압축 공기 에너지 저장 시스템은 남는 전기로 공기를 압축해 놓았

다가 전기가 필요할 때 압축 공기의 힘으로 터빈 발전기를 돌려 전기를 생산하는 방식이에요. 압축 공기를 저장하기 위해 특별한 용기를 만들 수도 있지만 일반적으로 지하 암반에 있는 대규모 공동(빈 구멍)에 저장해요. 공동의 크기에 따라 많은 양의 에너지를 저장할 수 있고 수명이 길다는 장점이 있어 독일이나 미국 등에서 시도하고 있는데, 아직은 경제성이 입증되지 않아 널리 사용되고 있지는 않아요.

압축 공기 에너지 저장 시스템이 공기를 압축하기 위해 커다란 공간이 필요하고 많이 저장할수록 압력이 높아지는 단점이 있다면, 액체 공기 에너지 저장 시스템은 압축된 공기를 낮은 온도로 냉각시켜 액체로 만들어 보관하는 방법이에요. 영하 196℃ 이하에서 공기를 액화시켜 저장해 두었다가 필요할 때 가열해서 기체로 팽창되어 나오는 에너지를 이용해서 전기를 생산하는 거예요. 압축 공기 에너지 저장 시스템에 비해 에너지 밀도가 높고 장소의 제한이 없다는 장점이 있어 여러 나라에서 연구 중이에요.

슈퍼 커패시터는 에너지를 저장한 뒤 필요할 때 순간적으로 고출력 전기를 보낼 수 있는 에너지 저장 장치예요. 초축전지라고도 하는데, 일반 축전지보다 훨씬 많은 용량을 가지고 있고, 모아 둔 에너지를 몇 초 이내의 아주 짧은 시간에 쏟아 낼 수 있어요. 한꺼번에 많은 에너지를 필요로 하는 휴대 전화, 카메라, 자동차 등 수많은 전자 제품에 사용할 수 있어요.

에너지를 수확하다, 에너지 하베스팅

보일러의 뜨거운 배관이나 자동차 엔진의 뜨거운 열을 그냥 버리지 말고 사용할 수 없을까요? 우리가 발걸음을 옮길 때마다 바닥을 누르는 압력 에너지가 발생해요. 이 압력 에너지를 그냥 버리지 말고 교실 바닥에 작은 발전기를 달아서 아이들이 뛰어다닐 때마다 전기를 만들면 어떨까요? 만약에 그런 일이 가능하다면 도로에 이런 장치를 깔아서 자동차가 지나가며 전기를 생산하게 할 수 있을 테니 전기 걱정은 없어질 거예요.

이처럼 그냥 버려지는 에너지를 모아 전기를 생산하는 기술을 '에너지 하베스팅(Energy Harvesting)'이라고 해요. 가을에 벼를 수확하듯 에너지를 수확한다는 뜻이에요. 에너지 하베스팅은 열이나 기계적인 힘을 이용해서 발전기를 돌려 전기를 생산하는 간접 발전 방식과 달리 열이나 진동, 빛 등으로부터 직접 전기를 생산하는 방식이에요. 태양광 발전은 발전기를 이용하지 않고 빛 에너지를 직접 전기로 바꾸는 방식이므로 에너지 하베스팅의 가장 대표적이고 성공적인 사례예요.

진동 에너지 하베스팅은 진동이나 압력을 가해 전기를 생산하는 방

법인데, 압전 소자라는 특수한 물체를 이용해요. 압전 소자는 낯설게 들리겠지만, 이미 우리 생활에 많이 사용되고 있어요. 일회용 라이터나 휴대용 가스레인지에 불을 켜기 위해 스위치를 돌릴 때 가스에 불이 붙도록 작은 불꽃을 만드는 장치가 바로 압전 소자예요. 압전 소자로 발생할 수 있는 전기의 양이 많지 않아 발전용으로까지는 많이 사용되고 있지 않지만 압전 소자를 운동장이나 도로에 깔아서 발전을 하려는 시도는 지속되고 있어요. 또한 타이어 압력 측정 센서의 전원을 공급하는 용도와 같이 전선으로 연결하기 어려운 상황에 압전 현상을 활용하려는 노력이 늘어나고 있어요.

　버려지는 열을 활용해서 직접 전기를 만들기도 해요. 바로 열에너지 하베스팅이에요. 열전 소자라는 특수 반도체는 양쪽 끝에 온도 차이가 생기면 전기가 흐르고, 반대로 전기를 흘리면 한쪽은 온도가 올라가고 한쪽은 온도가 내려가요. 이런 현상을 '열전 현상'이라고 하는데, 이 현상을 이용하면 온도 차를 이용해서 발전할 수도 있고, 전기를 가해서 온도

tip 밟으면 전기를 만드는 타일

런던 동부의 한 쇼핑몰에 가면 특별한 거리가 있다. 이 거리에는 밟으면 전기를 생산하는 특별한 타일이 깔려 있어서 사람이 지나가면 타일을 눌러 전기를 생산하는데, 전기를 생산한 고객에게 포인트를 제공해서 쇼핑에 활용하게 한다. 네덜란드의 로테르담에 있는 한 클럽에서는 사람들이 신나게 춤을 추면 그 압력으로 전기를 생산해서 무대 조명을 공짜로 켜고 있다. 한편 브라질 빈민가의 축구장 바닥에도 진동 에너지 하베스팅 시스템을 설치했는데, 아이들이 축구를 하면서 뛰어놀며 바닥의 타일을 눌러서 발전한 전기와 낮 동안 태양광으로 생산한 전기를 합쳐서 10시간 정도 밤에 전등을 켤 수 있다.

를 낮추거나 올릴 수 있어요. 태양열이나 공장, 쓰레기 소각장에서 발생하는 열이나 사람 몸의 열 등 버려지는 열을 활용할 수 있는 곳은 아주 많아요. 반대로 열전 현상을 이용하면 모터를 사용하지 않고 전기를 이용해서 직접 온도를 높이거나 낮출 수 있는데, 개인용 화장품 냉장고나 와인 냉장고 등에 이미 사용되고 있고 사람의 체온을 이용해서 휴대 전화를 충전하는 장치도 개발하고 있어요.

전자파를 이용해서 전기를 생산하는 기술도 있어요. 전자파 에너지 하베스팅 기술이지요. 우리 주변은 휴대 전화나 TV, 라디오 등의 방송 기기 및 전선 등에서 발생하는 전자파로 가득 차 있는데, 이 전자파들의 3퍼센트 정도만 사용되고 나머지는 대부분 버려지고 있어요. 이처럼 버려지는 전자파를 활용해서 전기를 생산하려는 연구가 활발한데, 최근에는 전력선에서 발생하는 전자파로 전기를 생산해서 송신탑의 전등을 밝히고 센서에 전기를 공급하고 있어요.

이처럼 버려지는 에너지를 이용해서 전기를 생산하는 에너지 하베스팅은 다가오는 4차 산업 혁명 시대에 필수적인 기술이에요. 침대에 누워서 휴대 전화로 전등 스위치를 켜고 끄기도 하지요? 가만히 생각해 보면 거기에는 모두 무언가를 측정하고 움직이고 또한 정보를 무선으로 주고받는 장치가 들어 있고, 이것들이 작동하기 위하여 전원이 반드시 필요하지요. 전선이나 배터리로 전기를 공급하기도 하지만 에너지 하베스팅을 활용하면 전선이나 배터리 사용을 줄이거나 없앨 수 있어서 훨씬 더 편안하고 효율적으로 각종 장치를 제어하고 신호를 주고받을 수 있어요.

똑똑한 전력망, 스마트 그리드

　용인에 사는 친구네 집은 베란다와 지붕에 설치한 태양광 발전기로 낮에 전기를 생산해서 전기 요금이 가장 싼 새벽에 세탁기나 식기세척기가 작동하도록 설정되어 있어서 전기 요금을 거의 내지 않는다고 해요. 또, 제주도의 할아버지 집은 태양광 발전기에다가 풍력 발전기까지 설치해서, 한전에 전기를 팔고 남는 전기는 에너지 저장 장치에 저장해 두었다가 사용하기 때문에 전기 요금을 내기는커녕 오히려 돈을 번대요. 어떻게 이런 일들이 가능할까요? 전기를 효율적이고 저렴한 방법으로 생산하여 분배해서 사용했기 때문이에요. 똑똑한 전력망, 스마트 그리드 덕분이지요.

　'지능형 전력망'이라고도 불리는 스마트 그리드(Smart Grid)는 기존의 전력망에 정보 통신 기술(ICT)을 접목해서 전력 회사와 소비자가 실시간으로 정보를 주고받으며 가장 효율적으로 전기를 만들고 사용할 수 있도록 하는 전력 시스템이에요. 스마트 그리드를 이용하면 가정이나 공장에서 전기 사용량이 적을 때 전기를 쓰도록 유도해서 전력 소비량을 줄여요. 이렇게 하면 많은 투자비가 들어가는 발전소 건설을 줄일 수 있어요.

이러한 스마트 그리드를 구축하기 위해서는 발전소에서 생산된 전기를 사용자에게 일방적으로 보내는 것이 아니라 생산자와 사용자의 상황을 종합해서 최적의 생산과 공급 및 사용이 가능하도록 정보를 주고받는 양방향 정보 통신 기술이 필요해요. 또한 원격 검침기를 통해 전력 사용 현황을 실시간으로 측정해서 자동 분석하는 스마트 검침 기술도 있어야 해요. 실시간 전기 요금 정보를 바탕으로 전기 요금이 쌀 때 전력 사용량을 늘리도록 해서 전기 요금을 절약하고 전체 전력 시스템을 효율적으로 운용할 수 있으니까요.

신재생 에너지와 분산 발전 역시 스마트 그리드와 연계할 수 있어요. 화력, 수력, 원자력 등은 대규모 발전소를 세워서 넓은 지역에 전기를 보급하는 중앙 집중형 에너지 공급 방식이에요. 태양광이나 풍력, 수력을 제외한 대부분의 신재생 에너지는 전기를 생산한 가정이나 설비 또는 근처에 전기를 공급하는 분산 발전 방식이에요. 분산 발전은 전기를 사용하는 근처에서 생산하므로 먼 거리까지 전기를 보내는 과정에서 손실되는 에너지도 대폭 절감할 수 있고, 송전과 배전 인프라를 만들고 운영하는 비용도 줄일 수 있지요. 물론 소형 분산 발전 설비는 대규모 발전 설비보다 효율이 낮고 공급 안정성이 떨어지는 등 아직 검증해야 할 부분이 많이 있어요. 그러나 미래의 에너지 정책에 신재생 에너지와 더불어 분산 발전과 스마트 그리드는 빠질 수 없는 기술이에요.

다시 주목받는 직류, 초고압 직류 송전(HVDC)

1880년대 후반, 미국에서 에디슨과 테슬라는 전력 시스템의 국제 표준을 놓고 경쟁했는데, 테슬라의 교류(AC) 시스템이 에디슨의 직류(DC)를 이겨 오늘날까지 대부분의 전력 계통에 교류를 사용하고 있어요. 당시에는 직류에 비해 교류가 전압을 바꾸는 변압 기술이 좋아 고전압으로 발전소에서 멀리 전기가 필요한 곳까지 보낼 수 있었기 때문이에요. 그런데 130여 년이 지난 지금 직류가 다시 관심을 받고 있어요. 고전압으로 직류를 멀리 보낼 수 있는 초고압 직류 송전(HVDC, High-Voltage Direct Current) 방식이 개발되어 교류를 대체하는 경우까지 생겨났어요. 그사이 어떤 변화가 있었는지 살펴볼까요?

전기를 보낼 때는 거리가 멀어질수록 전력 손실이 커져요. 그런데 초고압 직류 송전 방식을 쓰면 송전할 때 전력 손실이 적어요. 또 직류 송전은 교류 송전보다 손실이 적어서 같은 전력을 보낼 때 낮은 전압으로 보낼 수 있어요. 전압이 낮아지면 송전 철탑의 크기와 높이도 줄일 수 있고 절연체도 크기나 숫자를 줄일 수 있어 비용이 적게 들어요.

직류는 서로 다른 계통 간의 연결이 가능해요. 같은 방향으로 흐르는 두 개의 호스의 물을 한 개의 호스로 묶어 보내면 수압이 강해지겠지요? 그런데 두 호스의 물의 방향이 바뀐다면 서로 뒤엉켜 엉망진창이 되어 버릴 거예요. 전기도 마찬가지예요. 우리나라는 전압 220볼트, 주파수 60헤르츠 전기를 쓰는데, 일본은 110볼트에 50~60헤르츠, 중국은 220볼트에 50헤르츠로 달라요. 세 나라가 서로 전력망을 연결하여 사용하기 어려운 이유가 바로 주파수 때문인데, 직류 송전으로 바꾸면 주파수 걱정을 할 필요가 없으므로 국가 간 전력망 연결까지 가능해져요.

또한 신재생 에너지인 태양광 발전이나 연료전지, 배터리와 같은 에너지 저장 장치(ESS) 등은 직류 전원을 사용해요. 초고압 직류 송전 방식을 이용하면 태양광에서 생산된 직류 전기를 교류로 바꿀 필요 없이 에너지 저장 장치에 저장했다가 바로 사용할 수 있으니 중간에 직류-교류-직류로 변환하는 손실을 줄일 수 있어요.

앞으로 전기 자동차나 전기로 움직이는 비행기, 배 등 교통 수단이 늘어난다면 직류 전원의 수요는 더욱 커질 전망이에요. 교류-직류 변환 없이 직류로 직접 공급하면 손실도 줄어들고 배터리를 에너지 저장 장치로 사용해서 필요할 때에는 전기를 빼서 쓸 수도 있으니 직류 방식의 장점이 앞으로는 더욱 커질 것 같아요.

그러나 초고압 직류 송전(HVDC) 방식은 송전 전압을 자유롭게 올리고 내리는 것이 교류에 비해 어렵고, 고압 직류-교류 변환 장치가 비싸고 복잡하다는 단점이 있어요. 게다가 직류 차단기가 아직 실용화되지 않아서 중간에 송전선을 나누기가 어렵지요. 이러한 단점에도 불구하고 앞에서 말한 다양한 장점과 특히 직류로 전기를 생산하는 신재생 에너지를 효율적으로 사용할 수 있다는 장점이 있어 전류 전쟁은 다시 2차전에 돌입한 듯해요. 에디슨과 테슬라가 이 장면을 보면 어떻게 생각할지 궁금해지네요.

신재생 에너지, 꼼꼼히 따져 봐야 하는 이유는?

먼저 신재생 에너지라는 이름을 생각해 봐요. 우리나라는 신에너지와 재생 에너지를 묶어서 신재생 에너지라고 부르며 한꺼번에 통계를 내고 있어요. 이런 개념은 1970년대 공급 부족으로 석유 가격이 폭등했던 석유 파동 시절에 석유를 대체하는 대체 에너지라는 용어에서 유래했어요. 비싼 석유를 대체할 수 있는 석탄에서 석유를 만드는 기술이나 심지어 원자력 발전도 대체 에너지로 분류했어요. 세월이 지나 석유 가격이 내려가서 더 이상 대체 에너지라는 용어를 사용하지 않는데, 우리나라는 석유를 대체한다는 개념에서 그대로 신재생 에너지를 사용하고 있어요. 국제 에너지 기구에서도 8개의 재생 에너지만 인정하고 있어서, 우리나라에서 신재생 에너지라는 이름으로 작성하는 통계 중에 재생 에너지만 인정하고 있어요.

그래서 엄밀한 의미에서 신에너지는 지속 가능한 에너지라고 할 수 없어요. 수소 에너지, 연료전지, 석탄가스화·액화 등의 신에너지를 태양 에너지, 풍력 에너지 등의 재생 에너지와 묶어 한꺼번에 신재생 에너지로 부르는 것은 다시 생각할 필요가 있어요. 그 이유는 첫째, 신에너

지 중 수소 에너지는 대부분의 경우 수소를 천연가스에서 추출하는데, 천연가스는 석유와 같이 한 번 사용하면 없어지는 화석연료예요. 두 번째, 석탄 가스화·액화도 석탄을 이용해서 가스나 인공 석유를 만드는 기술이므로 결국에는 화석연료를 사용하는 방법이기 때문이에요.

댐을 짓거나 공항과 도로를 건설하는 등의 대규모 개발 사업은 환경에 영향을 끼칠 수밖에 없어요. 신재생 에너지 발전소 역시 마찬가지예요. 따라서 이와 같은 사업을 할 때는 그 사업이 환경에 미칠 영향을 예측하고 평가해서 그 대처 방안을 마련하여 환경오염을 사전에 예방해야 해요. 이것이 바로 환경 영향 평가 제도예요. 신재생 에너지 발전소를 건설할 때도 환경 영향 평가는 반드시 필요해요.

신재생 에너지뿐만 아니라 모든 에너지를 서로 비교할 때에는 전기를 만드는 발전 과정만 생각하지 말고, 연료 채취부터 가공 및 수송, 발전소 건설과 운영, 마지막으로 폐기물 처리 및 발전소 폐쇄에 이르는 전 과정에 대해 살펴봐야 해요. 이것이 바로 환경 영향 평가 중에서 전 과정 평가 방법이에요. 신재생 에너지 발전이 환경에 미치는 영향을 면밀하게 살피고 다른 에너지원이나 이로 이해 파생되는 영향에 대해 전체적으로 평가해서 어떤 에너지를 사용하는 것이 가장 적합한지 결정해야 해요.

먼저 태양광과 풍력을 생각해 봐요. 태양광은 한번 설치하면 온실가스 배출도 전혀 없고 20년 이상 특별한 관리 없이 전기를 생산하는 청정에너지원이에요. 그런데 태양광 셀을 생산하는 과정을 보면 반도체 공정과 비슷해서 각종 화학 약품을 사용해야 해요. 수명이 다한 태양광 패널은

분해하기 어려운 산업 폐기물이고요. 게다가 태양광은 넓은 면적을 차지하기 때문에 산비탈이나 호수의 수면 등에 설치할 때는 산사태나 수상 생태계에 미치는 영향을 면밀히 살펴보아야 해요. 풍력 발전도 커다란 터빈을 산꼭대기에 설치하기 위해 산림을 해쳐야 하고 소음 문제 등도 고려해야 해요.

또한 지열이나 온천열을 이용한 발전 사업이 주변의 관광 자원을 해치거나 지진 발생의 원인이 될 수도 있어요. 수력 발전소 건설은 댐을 만들기 위해 넓은 지역이 수몰되고 귀중한 문화재가 유실될 수 있어요. 만약 댐이 무너진다면 피해는 상상만 해도 끔찍하지요. 조력, 파력, 해류 등과 같은 해양 에너지를 이용한 발전도 주변의 양식업이나 어업을 방해하거나 관광 자원을 해치는지 신중하게 고려해야 해요.

이러한 전 과정 평가는 신재생 에너지뿐만 아니라 석탄, 석유, 천연가스 및 원자력과 같은 화석연료를 이용한 발전에도 반드시 필요해요. 그리고 평가 결과는 나라마다 지역마다 다르고 또한 정치적, 사회적, 지리적 상황에 따라 그때그때 다를 수 있기 때문에 어떤 에너지가 정답이라고 단정 지어 이야기할 수는 없어요.

탄소 배출권을 사고파는 탄소 배출권 거래 제도

　탄소 배출권 거래 제도는 국가와 기업별로 온실가스를 배출할 수 있는 탄소 배출권을 미리 나눠 준 뒤 할당량보다 적으면 남은 탄소 배출권을 팔 수 있고, 할당량보다 많으면 탄소 배출권을 사든지 청정 개발 사업을 통해 간접적으로 얻을 수 있는 제도예요.

　그럼 모든 나라나 기업이 온실가스 배출을 줄이면 되는데 왜 탄소 배출권을 구매할까요? 나라나 기업에 따라 똑같은 양의 온실가스를 배출하거나 줄이는 데 어려운 정도와 비용이 다를 수 있어요. 예를 들어 게임 회사인 A기업은 인건비와 컴퓨터와 서버 등에 비용이 들고 직접적인 온실가스 배출이 거의 없어서 실제 배출하는 양이 배출 허용량보다 적어 남는 배출권을 팔 수 있어요. 반면에 B기업은 자동차 생산업체인데, 용접이나 철판에 색을 칠하는 도장 작업, 쇳물을 부어 쇠의 형태를 만드는 주물 작업 때문에 배출량이 허용 기준보다 많아요. 초과한 배출량을 줄이기 위해 공정을 개선하거나 배출 저감 장치를 설치하면 되겠지만 실제로는 쉽지 않고 비용도 많이 들어요. 이런 경우에는 배출권을 사서 초과 배출량을 맞추는 것이 훨씬 경제적이에요. 또는 청정 개발 사업을 이용하면 선진국이 개발 도상국에 온실가스 감축 관련 투자를 한 사업을 탄소 배출권으로 인정해 주는데, 이 사업을 통해 부족한 배출권을 확보할 수도 있어요.

그럼 실제 탄소 배출권을 팔고 사는 것은 어디서 어떻게 이루어질까요? 탄소 배출권도 주식을 사고파는 증권 시장과 같은 거래 시장이 있어요. 각 나라별로 거래소가 있는데, 우리나라에서는 한국 거래소(KRX)에서 거래가 가능해요. 남는 배출권을 가진 기업은 배출권 시세가 높을 때 판매할 수 있고, 배출권을 사는 기업에서는 시세가 낮을 때 살 수 있어요.

실제 배출권 가격은 계속 오르고 있고 앞으로도 오를 전망이라 세계 탄소 배출권 시장이 계속 커질 전망이에요. 그래서 배출권을 가진 기업은 나중에 가격이 오르면 팔려고 시장에 내놓지 않고 있어 더욱 가격 상승을 부추기고 있어요.

탄소 배출권이 그냥 서류상의 숫자가 아니라 실제 기업 실적에 영향을 준 사례가 있어요. 미국의 전기차 제조 회사인 테슬라의 순이익이 2020년 상반기 코로나의 영향으로 자동차 판매량이 줄었는데도 증가했어요. 매출이 줄어도 이익률이 높아지면 순이익이 증가하는 경우가 있지만 이 경우는 탄소 배출권 덕분이에요. 테슬라는 전기차 제조업체라 내연기관 자동차 생산업체보다 온실가스 배출량이 훨씬 적어 남는 배출권을 기존의 내연기관 자동차 생산업체에게 판매했는데, 이 수익이 줄어든 매출을 상쇄하고도 남아 순이익이 증가한 거예요.

이처럼 탄소 배출권 거래 제도를 잘 활용하는 기업은 즉가 이익을 낼 수 있지만 그렇지 못한 기업은 더 많은 비용을 지불해야 하기 때문에 매우 중요한데, 기술 개발뿐만 아니라 증권 거래와 같은 경제적인 측면과 국제 관계도 종합적으로 연구해야 하는 제도예요.

에너지 절약의 꿈, 블루 이코노미와 지속 가능한 생태 도시

에너지의 일부를 지속 가능한 에너지로 사용하는 정도를 넘어 가정이나 지역 단위로 아예 화석 에너지를 사용하지 않거나 외부로부터 에너지 공급을 받지 않고 친환경적으로 에너지를 자급자족하려는 노력이 세계 각지에서 시도되고 있어요.

그중의 하나가 스웨덴의 군터 파울리가 제안한 '블루 이코노미'라는 개념인데, 자연에서 영감을 얻어 자원 낭비를 최소화하고 자연 생태계의 순환 시스템을 그대로 따라가는 경제 시스템을 말해요. 예를 들면, 밑으로 들어온 공기가 내부의 오염되고 데워진 공기를 위로 밀어내는 아프리카 흰개미집의 공기 순환 구조를 모방해서 짐바브웨에 10층짜리 대형 쇼핑몰을 지은 사례예요. 냉난방 장치를 다른 건물 대비 10퍼센트만 사용하면서도 공기 순환으로 내부 온도를 24℃로 유지할 수 있어요.

에너지 제로 하우스라는 것도 있는데, 화석연료를 전혀 사용하지 않고 온실가스 배출 없이 자체 생산한 재생 에너지만으로 에너지를 자급자족하는 집을 의미해요. 보통 태양광, 풍력, 지열과 같은 재생

생태계를 따라 하는 블루 이코노미

블루 이코노미(Blue Economy)는 자연 생태계의 순환을 그대로 따라 하려는 경제 시스템이다. 지구 온난화를 일으키는 온실가스 배출을 줄이는 그린 이코노미(Green Economy)와 달리 오염원을 전혀 배출하지 않는 청정 경제를 건설하는 것이 목표이다. 자연 방식대로 자원을 확보하고 순환하는 생산 체계를 만드는 것이다.
얼룩말의 검은 줄무늬 위쪽 공기의 온도는 검은색이 열을 흡수하기 때문에 흰 줄무늬 위쪽 공기의 온도보다 높다. 따뜻한 공기가 위로 올라가면 흰 줄무늬 쪽의 공기가 검은 줄무늬 쪽으로 이동하면서 공기의 흐름이 만들어진다. 가만히 있어도 줄무늬 색깔 때문에 공기가 흐르는 천연 선풍기인 셈이다. 실제로 일본 센다이의 어느 건물은 얼룩말 원리를 적용해서 온도를 5℃나 낮췄다고 한다. 스웨덴의 한 학교는 겨울에 온 눈을 쌓아 두었다가 여름 냉방에 사용하고 있다. 도로나 지붕에서 치운 눈을 한 곳에 쌓아 놓고 층층이 짚과 같은 단열재를 덮어 두었다가, 온도가 올라가면서 녹은 차가운 물로 학교에서 공기로 데워진 물을 식혀서 냉방에 활용하는 원리이다.

에너지를 사용하고 단열, 환기와 채광 등에 특별히 신경을 써서 화석연료 소비와 온실가스 배출을 제로로 만드는 집이지요.

영국의 런던 근교에 있는 베드제드 타운은 총 8개 동에 82세대가 사는 주거 및 오피스 시설이에요. 이 베드제드 타운은 에너지 손실을 최대한 줄이기 위해 모든 가구를 남향으로 배치하고, 집 앞쪽에는 온실을, 지붕에는 태양광 패널을 설치했어요. 지붕의 환기구를 통해 자연 환기가 되고, 3중 유리, 열회수 시스템 등을 이용해서 에너지 손실을 더욱 줄였어요. 단지 내에 습지를 조성해서 버리는 물도 활용하고, 태양광과 근처의 산에서 나오는 톱밥 등을 활용해서 전기 사용량을 기존보다 45퍼센트 줄였다고 해요. 비록 100퍼센트 에너지 제로 하우스는 아니지만 전기 요금뿐만 아니라 물, 쓰레기 등도 50퍼센트 정도씩 줄일 수 있다고 해요.

오스트리아의 작은 마을 무레크는 바이오 에너지를 이용해서 에너지 자립을 이루었어요. 외딴 곳에 있는 작은 마을이라 기름값이 폭등하거나 곡물 가격이 폭락하면 큰 타격을 입기 때문에 식량과 에너지 자립을 위한 노력을 시작한 거예요. 남는 농산물을 에너지로 활용하자는 생각에 먼저 바이오 디젤 회사를 세웠어요. 가정이나 식당에서 사용하고 버리는 식용유로 바이오 디젤을 만들어 자동차, 농기계의 연료로 사용하고, 남는 것은 외부에 팔기까지 해요. 바이오 디젤을 만들고 남은 찌꺼기는 가축의 사료로 사용한다고 하니 정말 버리는 것이 하나도 없지요? 또 마을 근처의 버리는 잡목으로 우드칩을 만들어서 외부로부터 연료를 들여올 필요 없이 급수와 난방까지 해결하고 있어요. 가축의 분뇨와 농업 부산물로 바이오 가스를 만들어 전기를 만드는 회사도 세워서, 쓰고 남는 전기는 오스트리아 전력 공사에 판매를 하고 있다고 해요.

> **tip**
>
> **패시브 하우스, 액티브 하우스, 제로 에너지 하우스**
>
> 수동적으로 에너지를 지킨다는 의미의 패시브 하우스는 집 안의 열 손실을 최소화하는 방식으로 지어진 집을 말한다. 벽을 두껍게 하고 3중 유리 등으로 에너지 손실을 줄여 최소 냉난방 설비로 견딜 수 있도록 설계된 집이다. 액티브 하우스는 에너지를 지킬 뿐만 아니라 능동적으로 생산까지 하는 집이다. 패시브 하우스에 태양광이나 태양열, 풍력 등의 발전 설비를 갖추고 전기와 열 저장 시스템을 갖추어 냉난방을 해결할 수 있다. 이렇게 해서 화석연료나 외부로부터 전혀 전기나 에너지를 가져오지 않고 유지할 수 있는 집을 특별히 '제로 에너지 하우스'라고 한다.

나라마다 다른 에너지 정책

세계 여러 나라들이 온실가스와 대기 오염을 줄이고 화석연료의 고갈을 막기 위해 재생 에너지 보급을 확대하고 적절하게 에너지 믹스 정책을 펼치고 있어요. **에너지 믹스**(Energy Mix)는 에너지와 섞는다는 뜻의 '믹스'의 합성어로, **다양한 종류의 에너지 공급원을 혼합해 에너지 공급의 효율성을 높인다**는 뜻이에요. 석유나 석탄, 원자력과 같은 기존 에너지의 효율적 활용과 태양광이나 풍력 등 신재생 에너지원을 융합해 폭발적으로 증가하는 에너지 수요에 적절히 대응하는 방안이지요. 신재생 에너지 기술의 발전으로 발전 비용이 낮아지면서 선진국뿐만 아니라 개발 도상국에서도 신재생 에너지에 관심을 가지고 있어요.

전 세계에서 재생 에너지의 보급과 투자를 주도하고 있는 나라는 **중국**이에요. 중국은 수력, 태양광, 풍력 발전 설치 규모가 세계 1위예요. 또 무분별한 석탄 발전으로 인한 대기 오염 등을 막기 위해 2030년까지 화석연료가 아닌 다른 에너지 발전 비율을 높이려는 목표로 신재생 에너지를 적극 보급하고 있어요. 그런데 송전망 연결이 잘 안 돼서 태양광이나 풍력에서 발전한 전기를 보내지 못해 전력 손실이 발생하고 있어요. 이러한 문제를 해결하고자 동서를 가로지르는 송전망을 구축하고, 바이오매스, 해양 에너지 등 다양한 신재생 에너지원도 열심히 발굴하고 있어요. 글로벌 재생 에너지 투자액의 30퍼센트를 차지하는 중국이 최근 경기 침체로 투자가 줄어들면서 전 세계적인 재생 에너지 동향에도 영향을 미치고 있어요.

독일은 신재생 에너지를 가장 열심히 추진하는 나라 중 하나예요. 독일은 2011년 '에너지 전환'이라는 정책을 펴면서 온실가스 배출과 에너지 소비를 줄이고 재생 에너지 이용을 확대하는 목표를 세웠어요. 이러한 목표를 달성하기 위해 탈석탄, 탈원전 정책과 에너지 소비 감축 정책을 세웠어요. 독일은 에너지 전환을 이행하는 데 필요한 비용을 전기 요금에 부담금 형태로 징수하는데, 신재생 에너지의 비중을 높이면서 부담금이 오르고 있어 국민들의 짐이 되고 있어요.

세계 최대의 에너지 소비국이면서 재생 에너지에는 비교적 소극적이었던 미국도 2050년이면 재생 에너지가 최대 발전원이 될 전망이에요. 최근에 미국은 2050년까지 재생 에너지 38퍼센트, 천연가스 36퍼센트, 석탄 13퍼센트, 원자력 12퍼센트로 발전량을 조절하는 계획을 발표하였어요. 이 계획에 따르면 153기가와트 규모의 태양광, 풍력 발전 설비가 새로 설치되고, 석탄과 원자력 발전은 110기가와트 정도가 단계적으로 폐지될 전망이에요. 이러한 재생 에너지 비중의 증가는 재생 에너지의 기술 발전으로 비용 절감이 가능해진 데다가, 재생 에너지 공급 의무화 제도가 뒷받침되어서예요.

일본은 제5차 에너지 기본 계획에서 온실가스 배출량을 2013년에 비해 2030년에는 26퍼센트, 2050년에는 20퍼센트까지 낮추는 목표를 제시했어요. 또 2050년까지 신재생 에너지를 주력 전력 공급 수단으로 활용할 예정이며, 원자력도 온실가스 배출을 줄이기 위해 주요 전원으로 활용한다는 계획이에요. 2011년 후쿠시마 원전 사고 이후에 원전 가동을 전면 중단했던 모습과는 크게 달라진 태도이지요.

재생 에너지 비중이 높은 북유럽 국가를 살펴볼까요? 이미 2018년에 재생 에너지 비중 70퍼센트를 넘긴 덴마크는 2030년까지 전체 소비 전력의 100퍼센트를 재생 에너지로 생산한다는 목표를 발표했어요. 이 목표를 달성하기 위해 덴마크는 해상 풍력 발전을 전략적으로 지원하고 있어요. 오스테드, 베스타스 등 세계 1위, 3위의 해상 풍력 기업을 보유하고 있고, 국가 전체 일자리의 25퍼센트가 해상 풍력과 관련된 덴마크로서는 자연스러운 선택이지요.

국토의 80퍼센트 정도가 빙하와 호수, 용암 지대인 아이슬란드는 전국에 폭포가 많아 전체 소비 전력의 73퍼센트를 수력 발전으로 해결하고 있어요. 또한 휴화산, 활화산이 130여 개나 될 정도로 많아서 웬만한 곳에 땅을 파면 뜨거운 물이 올라와요. 이 뜨거운 물을 이용해서 지열 발전을 하고 있어요. 게다가 지열 발전으로 얻은 값싼 전기로 물을 전기분해해 그린 수소를 생산해서 2050년까지 모든 화석연료를 수소로 대체한다는 계획까지 세우고 있어요.

중동 국가들은 2014년부터 저유가가 유지되고 미국, 러시아 등 석유 수출국기구(OPEC) 비회원 국가들의 석유 생산이 늘어나면서 국제 에너지 시장에서의 지위가 약화되고 있어요. 또한 석유 최대 수입국인 중국의 경기 악화와 세계 여러 나라들이 화석 에너지에서 신재생 에너지 비율을 높이는 쪽으로 에너지 정책을 추진하면서 장기적으로 석유 수요의 증가를 기대하기 어려운 상황이에요. 이러한 배경 때문에 중동 국가들은 석유 위주의 에너지 정책에서 탈피하려고 노력하고 있어요. 그중에 사우디아라비아는 200기가와트 규모의 태양광 발전소와 2기의 원자력 발전소를 건설할 계획이에요.

마지막으로 인도는 재생 에너지의 비율을 2019년 23퍼센트에서 2030년 55퍼센트까지 높이는 계획을 세웠어요. 태양광을 중점으로 풍력, 소수력, 바이오매스 등의 재생 에너지 투자를 늘리면서 전력망 현대화와 저장 장치 등 전력 인프라 발전에도 적극 투자하고 있어요.

여러 나라의 에너지 정책을 살펴보면서 발견할 수 있는 것은 나라마다 에너지 정책이 다르다는 점이에요. 기후나 확보할 수 있는 천연자원이 다르고, 정치·문화적으로도 다르기 때문이에요.

가까운 이웃 나라라도 에너지 정책은 달라요. 스칸디나비아 반도에서도 노르웨이는 산이 많고 수자원도 풍부해서 소비 전력의 96퍼센트를 수력 발전으로 해결하고 있어요. 하지만 바로 옆 핀란드는 산이 없는 평평한 지형이라 20퍼센트 정도만 수력으로 해결해요. 나머지는 태양광이나 풍력과 같은 재생 에너지가 19퍼센트, 원자력이 35퍼센트 정도를 차지하고 있어요. 옆 나라 스웨덴은 수력 40퍼센트를 포함한 재생 에너지 비율이 60퍼센트에 육박하고, 나머지 40퍼센트 정도는 원자력 발전에 의존하고 있어요. 이처럼 에너지 정책은 나라별, 지역별로 가장 저렴하고 친환경적이던서 지속 가능한 방법을 찾아 계속 보완해 나가는 정책이 필요해요.

　최근 들어 태양광이나 풍력 등의 재생 에너지가 정부 보조금 없이 스스로 다른 에너지와 경쟁할 수 있는 수준으로 발달하고 있어요. 그럼에도 불구하고 아직은 재생 에너지가 대부분의 경우 다른 에너지보다 가격이 비싸서, 일본, 독일, 호주에서는 재생 에너지 비율을 늘리면서 부담금과 전기 요금이 인상되고 있어요. 그러므로 국가별로 재생 에너지의 비율을 늘려 가는 정책을 추진할 때 일부 산업만이 아니라 국가 경제 전체의 관점에서 장기적으로 가장 이익이 되는 방향을 생각해야 해요.

우리나라의 에너지 정책은?

2022년 우리나라 새 정부의 에너지 정책 5대 방향 중에 '실현 가능하고 합리적인 에너지 믹스의 재정립'과 '튼튼한 자원·에너지 안보 확립'이 들어 있어요.

첫 번째, 실현 가능하고 합리적인 에너지 믹스의 재정립에는 원자력, 재생 에너지, 석탄·LNG, 전력망의 네 가지가 들어가요. 안전성 확보를 전제로 원자력 발전 비중을 현재 27퍼센트에서 2030년 30퍼센트까지 늘리고, 재생 에너지는 환경과 경관에 영향이 없는 유휴 부지를 적극 활용하여 목표를 재정립하기로 했어요.

두 번째, 튼튼한 자원·에너지 안보 확립은 자원·에너지 안보의 불확실성에 대응할 수 있는 자원 안보 체계를 구축한다는 계획이에요. 국가 자원 안보 컨트롤 타워를 구축하여 핵심 자원을 효율적으로 관리하고 전 주기적인 에너지 공급망 강화를 위하여 신규 비축 기지를 확보할 예정이지요. 또한 수입선 다변화를 통해 특정국의 의존도를 줄여 나간다는 방침이에요.

값싼 원자력 에너지 비중을 유지하면서 신재생 에너지의 비중을 차차

늘려 간다면 균형 잡힌 에너지 믹스와 에너지 안보를 확보할 수 있을 거예요.

최근 우크라이나 전쟁으로 러시아에서 가스, 석탄, 석유 공급을 줄이자 러시아 에너지 의존도가 높은 유럽 여러 나라들은 에너지 수급에 심각한 어려움을 겪었어요. 그래서 러시아의 에너지 의존도를 낮추기 위해 에너지 절약과 친환경 에너지로의 전환, 에너지 공급의 다양화를 위한 계획을 서둘러 마련하고 있어요.

이처럼 에너지 믹스와 에너지 안보는 한 나라의 에너지 정책에서 너무나도 중요해요. 그럼 다른 나라의 사례와 우리나라의 상황을 다시 한 번 비교해 보고 어떤 에너지 정책이 가장 좋을지 살펴보도록 할까요?

2011년 탈원전을 선언한 독일은 탈원전 정책을 추진하기 위해 1986년부터 논의를 시작하여 시행하는 데까지 23년이나 걸렸어요. 그렇게 신중하게 추진한 정책으로 엄청난 예산과 국민 부담금이 투입되었는데도 전기 요금은 계속 오르고 이산화탄소 배출량 또한 줄이지 못하고 있어 비판을 받고 있어요. 스위스도 탈원전 정책을 결정하기 위해 33년 동안 4번의 국민 투표를 거쳤어요. 백년대계인 에너지 정책은 훨씬 더 장기적인 안목으로 오랜 검토 기간과 국민적 합의를 얻은 후에 추진해야 해요. 그래야 나중에 잘못되어 보완할 필요가 생겨도 국민이 이해할 수 있고 정책 추진도 제대로 할 수 있어요.

각 나라의 에너지 정책은 단순히 정해진 숫자가 아니라 나라별 자연 환경, 주변국과의 정치적·지리적 환경과 국민 정서, 산업 환경 등을 모두 고려한 거예요. 왜 그 나라는 그런 에너지 정책을 세웠는지 충분히 이해하고 우리나라 정책에 반영할 부분을 뽑아내야 해요.

<mark>미국</mark>이 그동안 재생 에너지에 소극적이었던 이유는 셰일 가스를 포함하면 세계 최대의 산유국이어서 자국의 석유 산업을 보호해야 했기 때문이에요. 2050년까지 재생 에너지 비율을 38퍼센트까지 높이고 원자력은 단계적으로 줄이겠다는 계획을 발표했지만, 최근에는 <mark>중국</mark>과 <mark>러시아</mark>가 세계 원전 시장을 장악하는 데 대응하기 위해 원자력 산업을 되살려 국제적인 주도력을 되찾아야 한다는 움직임도 있어요. 러시아와 중국이 세계 원자력 시장을 장악하면 미국 주도의 핵 확산 억제 전략이 무너질 수 있기 때문에 국가 안보 차원의 전략이지요.

<mark>중동 국가</mark>들이 재생 에너지와 원자력에 적극 투자하는 이유는 앞으로 유가 변동에 대처하고 장기적으로 석유 고갈을 대비하기 위해서예요. 그동안 유가가 계속 내려가면서 석유 수출국(OPEC) 회원국의 지위가 약해져서 이전과 같이 석유에만 의지할 수 없는 상황이 되었기 때문이기도 해요.

우리나라도 신재생 에너지를 비롯한 에너지 정책을 세울 때 각각의 에너지가 우리나라에서 채산성이 있는지, 다른 산업과의 연관성도 면밀하게 살펴봐야 해요. <mark>에너지 정책은 에너지뿐만 아니라 국가 전체의 이익과 발전을 고려해서 결정</mark>해야 해요. 또한 경제적인 측면 외에 에너지 안보도 매우 중요해요. 다른 나라와 국제적 상황에 최대한 영향을 받지 않는 에너지원과 발전 방법을 고민해야 하지요. 온실가스 배출을 줄이고 화석 에너지 고갈에 대비하기 위해 신재생 에너지를 늘리는 방향은 매우 중요한 정책이에요. 하지만 중요한 것은 그 정책이 관련된 산업의

이익을 위해서가 아니라 국가 전체의 이익과 발전을 추구해야 한다는 사실이에요. 이는 쉽게 판단할 수 없는 문제이므로 오랜 기간 충분히 검토하고 다양한 측면을 모두 고려해야 해요.

독일, 미국, 덴마크 등 지난 10년 동안 재생 에너지의 비율을 적극적으로 높인 나라들의 전기 요금이 20~100퍼센트나 올랐어요. 최근 재생 에너지의 발전 단가가 기술의 발전으로 많이 낮아지긴 했지만, 여전히 재생 에너지 발전은 운영 비용이 많이 들어요. 전기 요금을 인상하면 전기를 많이 쓸 수밖에 없는 제조업은 타격을 받게 돼요. 그러면 제조업 강국인 우리나라는 경쟁력을 잃기 때문에 가능한 한 전기 요금이 올라가지 않는 정책을 추진해야 해요.

앞으로 전기차 시대가 열리면 전기 수요가 빠르게 늘어날 거예요. 또한 4차 산업혁명의 핵심인 빅데이터와 인공 지능, 사물 인터넷(IoT)이 널리 쓰이게 되면 많은 데이터를 저장하기 위해 반도체와 서버의 수요가 늘어날 수밖에 없어요. 이에 따라 엄청나게 많은 전기 수요가 발생하게 될 테니, 이러한 폭발적인 전기 수요에 안정적으로 대응할 수 있는 방안을 미리 마련해야 해요.

신재생 에너지 시대에 유망한 직업은?

　18세기 후반, 유럽에서 산업혁명이 일어나 증기기관차와 공장이 생기자 마차를 모는 마부는 마차와 함께 사라졌어요. 수많은 농부들이 도시로 와서 공장 노동자가 되었지요. 기차가 주요 교통수단이 되면서 기차를 운전하는 기관사가 생겼고, 기차에서 석탄을 퍼서 넣는 사람, 음식을 팔고 기차표를 점검하는 직업이 생겨났어요. 컨베이어 벨트가 생기면서 대량 생산 체제로 바뀌는 2차 산업혁명에서는 많은 공장 노동자들이 컨베이어 벨트에 일자리를 빼앗겼어요. 한편, 공장에서 쏟아져 나온 자동차를 타고 사람들이 훨씬 더 먼 거리를 자유롭게 여행 갈 수 있게 되면서 숙박업과 관광업이 발달하고, 이에 따라 서비스업이 많이 생기게 되었지요. 인터넷의 등장으로 3차 산업혁명이 일어나자, 사람이 하던 많은 일을 컴퓨터와 인터넷이 대신하게 되었어요. 편지 대신 이메일을 보내면서 컴퓨터 서버를 구축하는 일이 생겨나고 집배원은 다른 일을 찾아야 했어요.

　이제 4차 산업혁명과 신재생 에너지가 다시 한 번 세상을 바꾸어 놓을 차례예요. 자율 주행 버스가 다니게 되면 버스 기사는 필요 없어질 테고, 화력 발전소가 줄어들면 광부도, 화력 발전소에서 일하는 사람도 줄어들겠지요. 이처럼 많은 일자리가 사라지고 또 새로 생겨날 텐데, 신재생 에너지 시대에는 어떤 일자리가 새롭게 등장할까요?

신재생 에너지 연구 개발자 : 신재생 에너지는 아직 발전해야 할 부분이 많아요. 효율성, 가격을 포함한 다양한 성능을 향상시킬 연구 개발자가 필요한데, 그중에서도 태양광과 풍력 에너지 관련 연구자가 중요해질 거예요. 이런 일을 하기 위해서는 물리, 화학, 전기 전자, 기계, 재료 등 자연 과학과 공학적 지식이 필요하고, 인공 지능이나 빅데이터를 통해 효율을 최적화하려면 컴퓨터 공학을 공부할 필요가 있어요. 신재생 에너지 장비를 생산하고 공급하기 위해서도 컴퓨터 공학과 시뮬레이션은 반드시 필요해요.

태양광이나 풍력 발전소 등 신재생 에너지 시스템을 설치한 후, 유지하고 보수하는 인력도 필요해요. 단순히 설치하고 유지, 보수하는 게 아니라 전력망과 연결해서 전기를 사고팔게 하기 위해서는 전기 전자 및 기계 장치에 대한 전문 지식이 필요해요.

데이터 분석가와 소프트웨어 개발자 : 이제까지의 에너지가 발전소에서 전기를 생산해서 소비자에게 공급하는 시스템이라면, 신재생 에너지는 전기 생산이 일정하지 않고 마음대로 조절할 수 없기 때문에 보조 에너지원의 지원이 필요하고 전력망에 연결되어 필요에 따라 전기를 사고팔아야 해요. 이러한 복잡한 전력 계통을 가장 효율적으로 설계하고 운영하기 위해서는 빅데이터를 분석하고 인공 지능을 바탕으로 최적화하는 프로그램과 같은 소프트웨어를 개발하는 사람이 더 많이 필요해요.

정보 보안 분석가 : 가정과 공장 등 수요처에서 필요로 하는 전력 수요와 다양한 신재생 에너지원에서 생산되고 전력망을 통해 보급되는 전력 공급에 관한 정보는 외부에 유출되면 안 되는 보안 사항이에요. 개인 사생활은 물론 국가 안보와도 관련 있는 전력망의 정보를 외부의 공격으로부터 보호하기 위해 정보 보안 전문가도 더 많이 필요해요.

기후 변화 전문가 : 기후 변화가 나라와 기업, 개인에게 어떤 영향을 미치는지 연구하고 분석해서 대책을 제시하는 전문가예요. 환경 공학, 천문학, 기상학 등에 대한 지식도 필요하고, 정치와 경제에 대한 이해도 필요한 종합 학문이에요. 어학을 포함한 국제적인 감각과 창의성도 중요해요.

탄소 배출권 중개인 : 온실가스의 주된 요인인 이산화탄소의 배출량을 줄이는 것은 신재생 에너지와 밀접한 관계가 있어요. 나라마다 기업마다 이산화탄소를 배출할 수 있는 양을 정해 주는 탄소 배출권을 스스로 확보하지 못하면 사야 하고 남으면 팔 수도 있어요. 이 같은 거래가 이루어지는 곳이 탄소 배출권 시장이고, 증권 거래인처럼 배출권 시장에서 거래를 중개하는 사람이 탄소 배출권 중개인이에요. 탄소 배출권 중개인은 환경, 에너지 관련 분야의 전문적 지식과 어떻게 하면 기술 개발과 같은 다양한 방법을 통해 배출권을 더 확보할 수 있을지 기획하는, 공학을 바탕으로 하는 재무적, 전략적 지식이 필요해요.

원전 해체 엔지니어 : 언뜻 보기에 신재생 에너지와 관련 없어 보이지만 신재생 에너지를 안전하고 효율적으로 운용하고 점차 확대해 나가기 위해서 원자력은 반드시 필요한 에너지예요. 앞으로 이미 지어진 원전이 수명을 다해 유지 보수 및 해체하는 시장이 크게 성장할 예정이에요. 해체 공학과 설계 기술, 방사선 안전 평가 기술, 폐기물 처리 및 재활용 등 기계, 제어, 화학, 방사능 안전 관리 기술을 이해할 수 있는 종합 엔지니어가 필요해요.

그 외에도 드론 조종사, 스마트 빌딩 전문가, 증강 현실 개발자, 로봇 기술자, 유전자 엔지니어 등은 미래에 유망한 직업이지만, 신재생 에너지와 관련해서도 매우 중요한 직업이에요.

여러분들 모두 제일 좋아하고 잘할 수 있는 일이 무엇인지 먼저 생각해 보세요. 그 일이 무엇이든 다가오는 신재생 에너지를 중심으로 하는 미래 에너지 세상에 필요한 직업과 연결시켜 자신의 미래를 준비하면 어떨까요?